# Stufenweise Einführung von Industrie 4.0 in der Produktionslogistik

Bernhard Gaum

Published by Bernhard Gaum, 2023.

STUFENWEISE EINFÜHRUNG VON INDUSTRIE 4.0 IN DER PRODUKTIONSLOGISTIK

**First edition. March 31, 2023.**



ISBN: 979-8215014738

Written by Bernhard Gaum.

# Also by Bernhard Gaum

**Going Remote**

Going Remote - Guidline to build and manage remote teams
Going Remote - Webinar und Online Meeting


**Standalone**

Erfolgreich zum digitalen Arbeitsplatz in der Produktion Eine
Step-by-Step-Anleitung
How to use ChatGPT
Stufenweise Einführung von Industrie 4.0 in der Produktionslogistik


Watch for more at https://www.unternehmensberatung-gaum.de.

# Stufenweise Einführung von *INDUSTRIE 4.0* in der Produktionslogistik

1. Auflage

# Stufenweise Einführung von INDUSTRIE 4.0 in der Produktionslogistik

Von: Bernhard Gaum

Dipl. Wirt.-Ing. (FH), MBA

Veröffentlicht am: 01.03.2017

# Abkürzungsverzeichnis

BDE Betriebsdatenerfassung

CPS Cyber Physische Systeme

CRM Customer Relationship Management

DG Druckguss

EPC Elektronischer Produktcode

ERP Enterprise Ressource Planning

FIFO First In - First Out

FTS Fahrerlose Transportsysteme

FV Formvorbereitung

GSM Global System for Mobile Communications

GPRS General Packet Radio Service

GPS Global Positioning System

HTA Heat Treatment

HSM High Speed Milling

I4.0 Industrie 4.0

ID Identification

IH Instandhaltung

IKT Informations- und Kommunikationstechniken

IML Institut für Materialfluss und Logistik

IoT Internet of Things

IPA Institut für Produktionstechnik und Automatisierung

IPK Institut für Produktionsanlagen und Konstruktionstechnik

IT Information Technologie

ITU International Telecommunication Union

IWF Institut für Werkzeugmaschinen und Fertigung

LKW Lastkraftwagen

LTE Long Term Evolution

MDE Maschinendatenerfassung

MES Manufacturing Execution System

MFS Materialflusssteuerungssysteme

PC Personal Computer

PDA Personal Digital Assistant
PPS Produktionsplanung und Steuerung
QMS Qualitätsmanagementsystem
QR Quick Response
RFID Radio Frequency Identification
S&R Shipping and Receiving
SLS Staplerleitsystem
SPS Speicher Programmierbare Steuerung
TLS Transportleitsystem
TU Technische Universität
UMTS Iniversal Mobile Telecommunication System
VBH Vorbehandlung
WLAN Wireless Local Area Network

# Abbildungsverzeichnis

# Tabellenverzeichnis

# Kurzfassung

Ziel der vorliegenden Arbeit ist es, ein Konzept für die stufenweise Einführung von Industrie 4.0 aufzuzeigen und eine phasenweise Anwendung in der Produktionslogistik an einem Beispielunternehmen „Mustercompany" durchzuführen. Dazu wurden theoretische Vorgehensmodelle (Stark et al. (2015), Merz (2016), Anderl et al. (2015), VDMA (2015), Biedermann (2016), Bauernhansl (2014)) auf ihre Anwendbarkeit für die stufenweise Einführung im besagten Bereich bewertet. Mit diesen Erkenntnissen wurde anschließend ein bevorzugtes Vorgehensmodell erarbeitet und ein Leitfaden für die stufenweise Einführung von Industrie 4.0 für die Produktionslogistik erstellt. Des Weiteren werden die Methoden Befragung, Beobachtung und Test angewendet.

Das Ergebnis ist ein Leitfaden zur Bewertung der Industrie 4.0 Erfahrungen des Unternehmens, sowie eine strukturierte Vorgehensweise zur Definition potentieller Industrie 4.0 Projekte zur stufenweisen Einführung neuer Technologien in der Produktionslogistik zur Erreichung der Industrie 4.0 Stufe.

Diese Arbeit ist sowohl für Unternehmen, welche den Weg in Richtung Industrie 4.0 gehen wollen, als auch Individuen mit Begeisterung für Industrie 4.0 interessant.

# Abstract

The purpose of this thesis is to define a concept for a step by step implementation of industry 4.0 in the production logistics area which can be used in general for all Companies. Therefore, actual theoretical procedure models (Stark et al. (2015), Merz (2016), Anderl et al. (2015), VDMA (2015), Biedermann (2016), Bauernhansl (2014)) were evaluated for practicability in the named area at "Mustercompany". In this thesis methods of survey, direct observation and testing of technologies were executed. Based on the earned experiences a concept of industry 4.0 implementation for production and logistic could be developed.

The result is a rated economic scenario of a step by step implementation of industry 4.0 scenario based on a real-life project. In conclusion this thesis provides knowledge to companies which want to implement industry 4.0 in its production logistics area and also to still students thirst[1] for[2] knowledge[3] who are inspired of the way how to implement industry 4.0.

---

1.     https://dict.leo.org/ende/
index_de.html#_6666cd76f96956469e7be39d750cc7d9_search_43ec3e5dee6e706af7766fffea5
12721_thirst_6cff047854f19ac2aa52aac51bf3af4a_searchLoc_43ec3e5dee6e706af7766fffea51
2721_0_6cff047854f19ac2aa52aac51bf3af4a_resultOrder_43ec3e5dee6e706af7766fffea51272
1_basic_6cff047854f19ac2aa52aac51bf3af4a_multiwordShowSingle_43ec3e5dee6e706af7766
fffea512721_on_6cff047854f19ac2aa52aac51bf3af4a_pos_43ec3e5dee6e706af7766fffea51272
1_0

2.     https://dict.leo.org/ende/
index_de.html#_6666cd76f96956469e7be39d750cc7d9_search_43ec3e5dee6e706af7766fffea5
12721_for_6cff047854f19ac2aa52aac51bf3af4a_searchLoc_43ec3e5dee6e706af7766fffea5127
21_0_6cff047854f19ac2aa52aac51bf3af4a_resultOrder_43ec3e5dee6e706af7766fffea512721_
basic_6cff047854f19ac2aa52aac51bf3af4a_multiwordShowSingle_43ec3e5dee6e706af7766fffe
a512721_on_6cff047854f19ac2aa52aac51bf3af4a_pos_43ec3e5dee6e706af7766fffea512721_0

3.     https://dict.leo.org/ende/
index_de.html#_6666cd76f96956469e7be39d750cc7d9_search_43ec3e5dee6e706af7766fffea5
12721_knowledge_6cff047854f19ac2aa52aac51bf3af4a_searchLoc_43ec3e5dee6e706af7766fff
ea512721_0_6cff047854f19ac2aa52aac51bf3af4a_resultOrder_43ec3e5dee6e706af7766fffea51
2721_basic_6cff047854f19ac2aa52aac51bf3af4a_multiwordShowSingle_43ec3e5dee6e706af7
766fffea512721_on_6cff047854f19ac2aa52aac51bf3af4a_pos_43ec3e5dee6e706af7766fffea51
2721_0

# Inhalt

# 1 Einleitung

In der Einleitung dieser Thesis wird zunächst die Problemstellung bei der Einführung von Industrie 4.0 im Unternehmen MUSTERCOMPANY beschrieben. Im zweiten Abschnitt dieses Kapitels wird die Zielsetzung der Arbeit erläutert. Zum Abschluss des ersten Kapitels werden der Aufbau der Thesis und die Inhalte der einzelnen Kapitel kurz erläutert.

## 1.1 Problemstellung

Industrie 4.0 (I4.0) wird auch als die *vierte industrielle Revolution* bezeichnet und gewinnt am Wirtschaftsstandort Deutschland immer mehr an Bedeutung. Auf dem Weg zur intelligenten und flexiblen Produktion zielt Industrie 4.0 darauf ab die Unternehmen für die Zukunft der Produktion zu rüsten, Verschwendungen durch neue Technologien zu beseitigen und die Zusammenarbeit bereichsübergreifend zu fördern. Sodass sämtliche Informationen dezentral unternehmensoptimiert vorhanden sind und somit von jedem Ort abgerufen werden können. Die Digitalisierung der Welt geht voran und so auch die der Industrie.

Es existieren bereits wissenschaftliche Vorgehensmodelle zur Einführung von Industrie 4.0, jedoch sind diese sehr allgemein gehalten. Demnach wird ein größeres Projekt bzw. Projektteam benötigt um eine Einführung nach vorhandenen Vorgehensmodellen realisieren zu können. In der Regel sind es Unternehmen, die bereits standardisierte Prozesse haben und die notwendigen Grundvoraussetzungen erfüllen, um weitere Schritte in Richtung Industrie 4.0 gehen zu können. Das Hauptproblem des Unternehmens MUSTERCOMPANY ist die Definition der aktuellen Industrie 4.0 Situation in der Produktionslogistik und die Bestimmung auf welcher Stufe, in Richtung Industrie 4.0, sich das Unternehmen aktuell befindet. Die Schwierigkeit besteht darin, weitere Schritte durchzuführen um dem Ziel, Industrie 4.0, näher zu kommen. Es fehlt ein Ansatzpunkt um eine Auswahl der einzuführenden Technologien, auf Basis aktueller Problemstellungen im definierten Bereich, ermöglichen zu können und somit eine Problemreduzierung, schnelle technische Projektumsetzung und einen gewünschten wirtschaftlichen Nutzen, mit Blick zur stufenweisen Einführung von Industrie 4.0, zu realisieren.

## 1.2 Zielsetzung

Das Ziel der Arbeit ist die Entwicklung eines Konzeptes zur stufenweisen Einführung von Industrie 4.0 in der Produktionslogistik am Beispiel des Unternehmens MUSTERCOMPANY. Es soll eine generelle optimierte Vorgehensmethode für den Bereich Produktionslogistik erarbeitet werden und so eine schnelle stufenweise Einführung von Industrie 4.0 ermöglichen. Dabei werden aktuelle Technologien aufgezeigt, deren Einsatz in der Produktionslogistik nach Industrie 4.0 geeignet sind und die Stufe der Industrie 4.0 Einführung vorgegeben in der diese Anwendung finden. Zusätzlich wird eine Industrie 4.0 Vision der Produktionslogistik erarbeitet. Durch eine methodische Herangehensweise sollen, mit Hilfe des ausgewählten Vorgehensmodells, technologische Lösungen für ausgewählte Problemfelder aufgezeigt werden, die stufenweise umgesetzt werden können.

Mit Abschluss dieser Arbeit wird ein Leitfaden für die Einführung von Industrie 4.0 in der Produktionslogistik vorliegen, der sowohl die Definition der aktuellen Industrie 4.0 Situation des Unternehmens ermöglicht, die Probleme im Unternehmensbereich methodisch betrachtet, sowie ein Ansatzpunkt zur einzuführenden Lösungstechnologie für ausgewählte Problemfelder liefert und somit den Weg der Unternehmensvision begleitet. Zudem wird mit Hilfe des

Leitfadens eine Stoßrichtung zur Veränderung der Geschäftsstrategie vorgegeben.

## 1.3 Aufbau der Arbeit

Im ersten Kapitel wurde bereits die Problemstellung und die Zielsetzung dieser Arbeit vorgestellt.

Im zweiten Kapitel werden theoretische Grundlagen zu Industrie 4.0, deren historische Entwicklung wie auch der Begriff Industrie 4.0 erläutert und Voraussetzungen für deren Einführung beschrieben. Die Abgrenzung des Begriffes Produktionslogistik sowie die Vision der Produktion und Logistik der Zukunft werden ebenfalls im zweiten Kapitel erläutert. Außerdem werden unterschiedliche Vorgehensmodelle zur Einführung von Industrie 4.0 beschrieben und Technologien, welche in den einzelnen Phasen anwendbar sind, definiert.

Im dritten Kapitel wird auf die Problematik in der Produktionslogistik eingegangen und die Vision des Unternehmens für diesen Bereich erarbeitet.

Im vierten Kapitel werden unternehmensspezifische Kriterien für eine Nutzwertanalyse definiert. Anhand dieser Kriterien werden unterschiedliche Vorgehensmodelle zur Einführung von Industrie 4.0 im Rahmen einer Nutzwertanalyse miteinander verglichen. Darauf aufbauend wird ein Vorgehensmodell erarbeitet, welches für die stufenweise Einführung von Industrie 4.0 in der Produktionslogistik prädestiniert ist und als generelles Vorgehensmodell Anwendung finden wird. Zudem werden Methoden zur Kosten- und Nutzenbewertung aufgezeigt und eine Vorgehensweise zur richtigen Technologieauswahl geschildert.

Im fünften Kapitel wird das erarbeitete Vorgehensmodell als Leitfaden zur stufenweisen Einführung von Industrie 4.0 in der Produktionslogistik des Unternehmens MUSTERCOMPANY angewendet. Dabei werden im ersten Schritt diverse Analysemethoden angewendet um dem Unternehmen eine Richtung für die Unternehmensstrategie vorgeben zu können. Im zweiten Schritt wird ein Projekt definiert, welches sich aus den Ergebnissen der Analysen und den ausgewählten Technologien ergibt. Im letzten Schritt erfolgt ein strukturierter Projektablauf für ein Industrie 4.0 Projekt, welches zudem wirtschaftlich bewertet wird.

Im letzten Kapitel sechs wird das Thema kritisch betrachtet und ein Ausblick auf weiterführende Projekte und Einsatzmöglichkeiten gegeben.

# 2 Theoretische Grundlagen

Zu Beginn dieses Kapitels wird die historische Entwicklung zur Industrie 4.0 und deren Bestandteile aufgezeigt, sowie unterschiedliche Vorgehensmodelle für eine Einführung von Industrie 4.0 näher betrachtet und deren Anwendbarkeit für die Produktionslogistik geprüft. Des Weiteren wird der Begriff Produktionslogistik auf Produktion und Logistik abgegrenzt, näher erläutert und die Vision der Produktion und Logistik der Zukunft aufgezeigt. Außerdem werden unterschiedliche Technologien zur Einführung von Industrie 4.0 in den einzelnen Stufen der Einführung definiert.

## 2.1 Historische Entwicklung zur Industrie 4.0

Der Begriff industrielle Revolution wird seit dem 18. Jahrhundert verwendet, um „die tiefgreifende und dauerhafte Umgestaltung der wirtschaftlichen und sozialen Verhältnisse, der Arbeitsbedingungen und Lebensumstände zu bezeichnen, die zum Übergang von der Agrar- zur Industriegesellschaft geführt hat." (Sendler 2013, S.6) Ein Beispiel für die erste industrielle Revolution ist der Siegeszug der Dampfmaschine.

Die zweite industrielle Revolution begann zum Ende des 19. Jahrhunderts bzw. Beginn des 20. Jahrhunderts durch die intensivierte Mechanisierung, wie auch die Nutzung von Elektrizität und Beginn der Massenproduktion. (vgl. Sendler 2013, S.6) Die zweite industrielle Revolution bassierte also auf „der arbeitsteiligen Organisation der Arbeit und der Massenproduktion mit Hilfe von elektrischer Energie." (Müller 2015, S.95) Mit der Massenproduktion konnte das Wohlstandsbedürfnis der Gesellschaft befriedigt und die Ausbeutung der Fabrikarbeiter, durch die steigende Macht der Gewerkschaften, reduziert werden. (vgl. Müller 2015, S.95)

Die dritte industrielle Revolution setzte Ende des 20. Jahrhunderts, mit der Computerisierung, ein. Der Einsatz von Elektronik und IT führte zur weiteren Automatisierung der Produktion und der Entstehung von industriellen Clustern.[1] (vgl. Kreutzer 2016, S.3)

Nach der Mechanisierung, Elektrifizierung und Computerisierung steht nun die vierte industrielle Revolution, die Vernetzung von Objekten auf Basis Cyber-Physischer-Systeme (CPS), im 21. Jahrhundert an. (vgl. Brühl 2015, S.63) „Ein Cyber-Physisches-System besteht zum einen aus Produktionssystemen, die über Sensoren und Aktoren Daten an Steuerungssysteme weiterleiten, die diese auswerten und an die Produktion zurückgeben"(Roth 2016, S.42) zum anderen sind „Daten und Dienste über das Internet der Dinge und Dienste sowie Cloud-Dienste weltweit nutzbar." (Roth 2016, S.42) In der folgenden Abbildung 1 wird die Evolution zur vierten industriellen Revolution dargestellt und das bereits beschriebene stichpunktartig zusammengefasst. Es ist ersichtlich, dass in jedem der letzten vier Jahrhunderten eine industrielle Revolution stattfand, aus denen neue Geschäfts- und Industriezweige entstanden sind. Diese, in den industriellen Revolutionen, entstandenen Innovationen wurden zu einem Standard in der Industrie. Folglich wird in diesem Jahrhundert kein Weg an der Vernetzung von Objekten auf Basis Cyber-Physischer-Systeme (CPS) vorbeiführen.

*Abbildung 1: Industrielle Revolution im Laufe der Zeit[2]*

# 2.2 Allgemeines Verständnis zu Industrie 4.0

Industrie 4.0 ist das Zukunftsprojekt der deutschen Bundesregierung mit einer Vielzahl an Forschungsvorhaben, technologischen Entwicklungen, Studien und Umsetzungsprojekten rund um die Zukunft der Produktion und Logistik. Das Projekt verfolgt das Ziel die deutsche Industrie in die Lage zu versetzen für die Zukunft der Produktion gerüstet zu sein. Dabei sollen intelligente Monitoring- und Entscheidungsprozesse die Wertschöpfungsnetzwerke nahezu in Echtzeit steuern und optimieren. (vgl. BMBF 2016)

Weitere Ziele des Zukunftsprojektes sind die Produktivität von Wertschöpfungssystemen zu steigern, eine integrative Produktivitätssteigerung von Management und Leistungssystemen herbeizuführen und die Wertschöpfungskosten zu optimieren. Die Aufbau- und Ablaufstrukturen (Auftragsabwicklungsprozesse, Produktionsplanung- und -steuerung, direkte Wertschöpfungsprozesse) werden aufeinander abgestimmt, unterstützende IT-Systeme bestmöglich integriert und ein zielführender Autonomiegrad der Entscheidungssysteme definiert. Dadurch können Weiterentwicklungen der bestehenden Basissysteme in der Organisation ihren Nutzen entfalten. Im Zentrum all dieser Aktivitäten stehen die CPS, die eine virtuelle Datenwelt mit physischen Objekten verknüpfen und durch gegenseitige Vernetzung Informationen austauschen und Entscheidungen dezentral vornehmen. (vgl. Stich, V. und Hering, N. 2015, S.8-14)

Industrie 4.0 ist zu gegebenem Zeitpunkt nur eine Forschungsagenda. Bis heute gibt es nur sehr wenige Produkte und Umsetzungsleitfäden, die Investitionsentscheidungen erleichtern. Derzeit existieren keine belastbaren Aussagen, welche Technologie sich für Industrie 4.0 als zukunftsfähig erweist. (vgl. BMBF 2016)

Die folgende Abbildung 2 zeigt einen groben Zeitplan der Forschungsschwerpunkte des Wissenschaftlichen Beirats auf. Es ist ersichtlich, dass die Forschungen und technologischen Entwicklungen für Industrie 4.0 voraussichtlich im Jahr 2035 ihre volle Marktreife erwerben werden und bis dahin eine stufenweise Einführung, von vorhandenen und wirtschaftlich sinnvollen Technologien, angestrebt wird.

*Abbildung 2: Zeitplan für die Forschungsfelder von Industrie 4.0[3]*

Die mit Industrie 4.0 durchzuführende Integration von IT in den Produktionsprozess bedeutet massive Änderungen am Arbeitsprozess und dessen Arbeitsinhalten. Auch hier erfolgt derzeit die Umsetzung einer vom Bundesministerium für Bildung und Forschung berufene Initiative *Entwicklung Industrie 4.0* mit dem Ziel neue Qualifikationsinhalte und Erweiterungen in Qualifikationsprofilen für Facharbeiter, Ingenieure und der Ausbildungsberufe vorzunehmen. (vgl. BMBF 2016)

## 2.3 Voraussetzungen für Industrie 4.0

Die Schwierigkeit des Zusammenspiels von realer und virtueller/ digitaler Welt in Industrie 4.0 liegt in der Notwendigkeit der effizienten Verarbeitung von produktionsrelevanten Daten und Informationen. (vgl. Roth 2016, S.49) Hierfür müssen Grundvoraussetzungen geschaffen werden, die nicht sofort umgesetzt werden können. (vgl. Deuse et al. 2014, S.12-17) Dies bestätigte auch das Unternehmen L-Mobile, welches mit ihrem Produkt *L-Mobile Industrie 4.0* den Industriepreis 2015 gewonnen hat. Es gibt Basisvoraussetzungen, die erfüllt sein müssen um Industrie 4.0 in einem Unternehmen einführen zu können. (Persönliche Korrespondenz mit Herr Behr, Firma L-Mobile, 2016)

In Industrie 4.0 wird ein Paradigmenwechsel mit Auflösung der hierachischen Automatisierungspyramide (siehe Abbildung 3) durch verteilte Dienste zwischen CPS angestrebt. Diese Änderung bewirkt, dass alle Ebenen und Bereiche miteinander vernetzt sind. Dadurch wird ein unternehmensübergreifender und internationaler Informations- und Datenaustausch ermöglicht. (vgl. L-Mobile 2016)

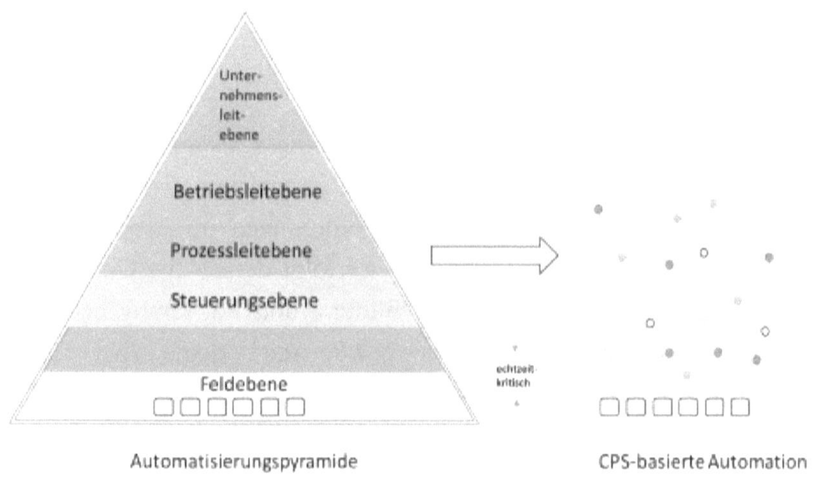


*Abbildung 3: Paradigmenwechsel in Industrie 4.0*[4]

Weiterhin wird der starre hierarchische Kommunikationsablauf aufgelöst, um eine ebenenübergreifende Kommunikation realisieren zu können. Beispielsweise müssen keine Daten in der Prozessleitebene aufgearbeitet werden nur um den Informationsbedarf der Betriebsleitebene zufrieden zustellen. Diese kann die benötigten Informationen aus allen Ebenen eigenverantwortlich und selbständig beziehen. Dies bewirkt einen schnelleren Informationsaustausch und somit auch eine Einsparung von Arbeitszeit und Ressourcen. (Persönliche Korrespondenz mit Herr Behr, Firma L-Mobile 2016)

Die Bereitschaft der Unternehmer zur Investition in Automatisierung, zur Erhöhung der Profitabilität und Wettbewerbsfähigkeit, wirkt sich unterstützend auf die Entwicklung der Industrie 4.0 aus. Das gilt ebenso für die Bereitschaft der Angestellten mit neuen Technologien zu arbeiten.(vgl. L-Mobile 2016)

Weitere Voraussetzungen für die Einführung von Industrie 4.0 sind zum Beispiel:

- Die Definition von internationalen Standards und Normen sollte angestrebt werden. Über internationale Standards und Normen werden gemeinsame Schnittstellen geschaffen, damit die Kommunikation zwischen Maschine/Maschine oder Maschine/Produkt bzw. auch zwischen den Akteuren im Wertschöpfungsnetzwerk reibungslos erfolgt. (vgl. Wirtschaftsrat 2013, S.1) Die Kommunikationsfähigkeit unterschiedlicher Maschinenhersteller muss ebenfalls gegeben sein. Die Festlegung einer gemeinsamen Maschinensprache und Schnittstellendefinition als Standard ist eine wichtige Vorraussetzung um die Kommunikation unterschiedlicher Maschinen sicherstellen zu können.(vgl. Müller 2015, S.105)

- Die Einbindung des Menschen als kreativer Akteur im globalen Wertstrom sollte dringendst berücksichtigt werden. (vgl. Bauernhansl 2014, S.9)
- Der Einsatz vernetzter und intelligenter Maschinen, die eigenständig und situationsabhängig reagieren und entscheiden. (vgl. Müller 2015, S.107) Eine Aktion-

Reaktionsmatrix[5] dieser vernetzten Maschinen muss definiert werden, um den Bedarf eines manuellen Eingreifens unnötig werden zu lassen.

- Die Gestaltung der Mensch/Maschine Schnittstelle muss für jeden Bereich definiert werden. (vgl. Bauernhansl 2014, S.9) Der Mensch muss mit den bereichsrelevanten Daten aus der Schnittstelle Entscheidungen treffen können, die wiederum von der Maschine ausgeführt werden müssen.

- Ein flächendeckender Ausbau der Breitbandinfrastruktur mit hoher Verbindungsstabilität muss vorhanden sein. Denn der wesentlich höhere Datenaustausch im Rahmen von Cyber-Physischer-Systeme (CPS) fordert zunehmend ein flächendeckendes und sicheres Superbreitbandnetz, mit hoher Verbindungsstabilität und geringen Verzögerungszeiten. (vgl. Wirtschaftsrat 2013, S.2)

- Die Einbindung notwendiger IT-Systeme in die vorhandene Systemlandschaft des Unternehmens muss mit hoher Priorität durchgeführt werden. (vgl. Roth 2016, S.43)

- Die Produkte müssen entsprechend mit Hard- und Software ausgestattet werden, um eine vollständige dezentrale, autonome Steuerung zu ermöglichen. (vgl. Müller 2015, S.106)

- Die Durchgängigkeit der Informationsflüsse in allen Bereichen muss aufgezeigt und vorhanden sein. Wichtig dabei ist jedoch, dass dieser Informationsfluss prozesstechnisch standardisiert wurde und von allen Bereichen gelebt wird. (vgl. Bauernhansl 2014, S.9)

- Definierte Qualifizierungsmaßnahmen für Mitarbeiter und einzelne Migrationsprozesse müssen vorhanden sein und laufend kontrolliert werden. (vgl. Bauernhansl 2014, S.9)

Mit den aktuellen neuen Basistechnologien, die bereits auf dem Markt angeboten werden, kann zurzeit schon der erste Schritt in Richtung Industrie 4.0 realisiert werden. Die wichtigsten Basistechnologien für Industrie 4.0 sind in Abbildung 4 beispielhaft aufgezeigt. Diese werden in Absatz 2.7 näher erläutert. Dazu zählen zum einen das Internet und das Wireless Lan, zum anderen auch mobile Geräte, die Informationen papier- und kabellos transportieren und weiterleiten können.

*Abbildung 4: Basistechnologien Industrie 4.0*[6]

In einem Unternehmen sollten mindestens diese drei erwähnten Basistechnologien vorhanden sein, um den weiteren Weg in Richtung Industrie 4.0 gehen zu können. Auto-ID, Ortung und E-Label können anschließend in einem Folgeprojekt eingeführt werden. (Persönliche Korrespondenz mit Herr Behr, Firma L-Mobile 2016)

## 2.4 Abgrenzung des Begriffes Produktionslogistik

Um den Begriff Produktionslogistik zu beschreiben, wird dieser in seine Bestandteile, *Produktion* und *Logistik,* auf gesplittet und die einzelnen Begriffe näher erläutert. So wird der Zusammenhang zwischen Produktion und Logistik aufgezeigt.

Die *Produktion* ist der gelenkte Einsatz von Ressourcen, wie menschlicher Arbeit, Werkstoffen und Betriebsmitteln, zur Herstellung bzw. Fertigung von Outputs, wie Güter und Dienstleistungen. Die Ziele der Produktion werden durch eine sinnvolle Planung, Organisation, Steuerung und Überwachung der Produktion und des richtigen Einsatzes der Ressourcen erreicht. Ein Produktionsziel ist die Erfüllung der Auslieferung von Produkten oder Dienstleistungen, in der vom Kunden geforderten Menge und Qualität. (vgl. Bloech et al. 2014, S.3-6)

Der Begriff Produktion bezeichnet die Umwandlung von Materialien, Diensten, Rechten und Informationen im Rahmen eines Wertschöpfungsprozesses hin zu einem Folgeprodukt. (vgl. Schuh und Schmidt 2014, S.2-5) Die Produktion ist der Kern des betrieblichen Umsatzprozesses und ein wesentlicher Bestandteil der Wertschöpfung. (vgl. Stevens 2007, S.1) In Abbildung 5 wird das betriebliche Umfeld der Produktion dargestellt. Es wird aufgezeigt, dass ein Zusammenhang zwischen einem Absatzmarkt und der Produktion des Unternehmens besteht. Das Produktionsprogramm des Unternehmens ist am Absatzmarkt auszurichten. Das Produktionsprogramm wiederum hat Auswirkungen auf den Beschaffungsmarkt, auf dem Betriebsmittel bestellt werden, die für die Herstellung der Güter und Dienstleistungen anzuwenden sind. Da der Absatz bzw. der Verkauf der Produkte und Dienstleistungen in der Regel nach der eigentlichen Produktion stattfindet sind Finanzierungen für die Herstellung notwendig, die durch den Verkauf mit einem Zahlungseingang und anzustrebenden Gewinn ausgeglichen werden. (vgl. Bloech et al. 2014, S.4-10)

Im Rahmen der Finanzwirtschaft werden eben diese Zahlungseingänge auf debitorischer Seite, sowie die Zahlungsausgänge für Betriebsmittel und anderweitige Dienstleistungen auf kreditorischer Seite überwacht. Das Controlling stellt die Wirtschaftlichkeit der Prozesse im Unternehmen her, und kalkuliert die zu benutzenden Ressourcenkostensätze in der Produktion. (vgl. Bloech et al., 2014, S.4-10)

**Unternehmensführung**

Beschaffungsmärkte

Einkauf

Produktion

Vertrieb

Absatzmärkte

Beschaffung von Betriebsmitteln

Absatz von Fertigprodukten und Dienstleistungen

Lieferantenmanagement

Supply Chain Management

Kundenmanagement

Produktionsplanung

Organisation

Steuerung

Qualitätsmanagement

Beschaffungslogistik

Produktionslogistik

Absatzlogistik

Finanzwirtschaft

Kreditoren

Controlling

Debitoren

*Abbildung 5: Die Produktion in ihrem betrieblichen Umfeld*[7]

Die *Logistik* ist die wissenschaftliche Lehre von Planung, Gestaltung, Steuerung und Kontrolle aller Material- und Informationsflüsse, die auf unterschiedliche Technologien, Informationsschnittstellen und der wirtschaftlichen Komponente der Betriebs- und Volkswirtschaft basiert. Dabei spielt die Bereitstellung von richtigen Materialien, in der richtigen Menge, zur richtigen Zeit, am richtigen Ort, mit der vom Kunden vorgegebenen Qualität, mit minimalen Kosten für die Logistik eine maßgebliche Rolle. Die Logistik beschäftigt sich mit operativen Funktionen, wie die des Material- und Güterflusses, Daten- und Informationsflusses, und Führungsfunktionen entlang der Supply

Chain. Auch operiert die Logistik funktions- und unternehmensübergreifend, ganzheitlich und ist nutzen- und serviceorientiert. (vgl. Martin 2014, S.2-5) Während in den 1970er Jahren die Logistik noch im klassischen Sinne das Ziel hatte, Optimierungen auf abgrenzende Funktionen (Beschaffung, Produktion, Absatzmarkt) durchzuführen, so wird heute die Optimierung von funktionsübergreifenden Prozessen, Optimierungen der Prozess- und Wertschöpfungsketten bis hin zu Optimierungen von globalen Logistiknetzwerken der volkswirtschaftlichen Logistik angestrebt. (vgl. Wannenwetsch, Helmut 2014, S.13)

Das richtige Zusammenspiel von Planung, Organisation und Steuerung der Produktions- und Logistikziele wirkt sich positiv auf den Material- und Informationsfluss des Unternehmens aus. Es gilt daher die Ziele der Produktion und die Ziele der Logistik funktionsübergreifend abzustimmen. In Abbildung 6 werden die erwähnten Ziele der Logistik sowie die Funktionen der Logistik zusammengefasst dargestellt.

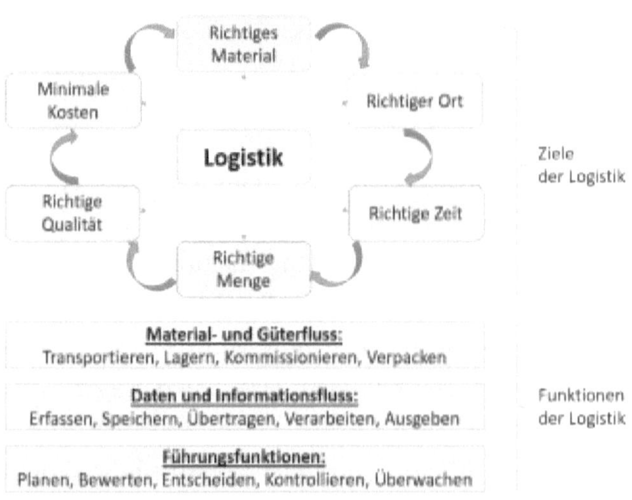


*Abbildung 6: Ziele und Funktionen der Logistik*[8]

Die *Produktionslogistik* ist ein Teil der internen Unternehmenslogistik. Diese umfasst den operativen Material- und Warenfluss, die begleitenden Informationsflüsse und administrativen und dispositiven Funktionen, die erforderlich sind um die anfallenden Aufgaben in der Produktion erfüllen zu können. Die interne Unternehmenslogistik, auch innerbetriebliche Logistik oder Intralogistik genannt, teilt sich auf in die Beschaffungslogistik, Produktionslogistik und die Absatzlogistik, auch Distributionslogistik genannt. Innerhalb der Produktionslogistik gibt es drei zentrale logistische Aufgabenfelder. Diese sind das Bestandsmanagement, die Überwachung, Einhaltung und Optimierung der Durchlaufzeit sowie die Materialbereitstellung für Maschinen und Anlagen (vgl. Kessel 1995, S.140-145; Martin 2014, S.4-10 und Göpfert et al. 2014, S.67) In Abbildung 7 wird die institutionelle Abgrenzung der Logistik in einem Organigramm aufgezeigt und beinhaltet die detaillierte Aufgliederung bis zur Produktionslogistik. Die weiteren aufgezeigten Logistikbereiche sind für diese Abschlussarbeit nicht relevant. Demzufolge werden diese im Organigramm nicht mehr aufgegliedert. Weiterführende Informationen sind im Buch von Martin, Heinrich (2014): *Transport und Logistik Planung, Struktur, Steuerung und Kosten von Systemen der Intralogistik* enthalten.

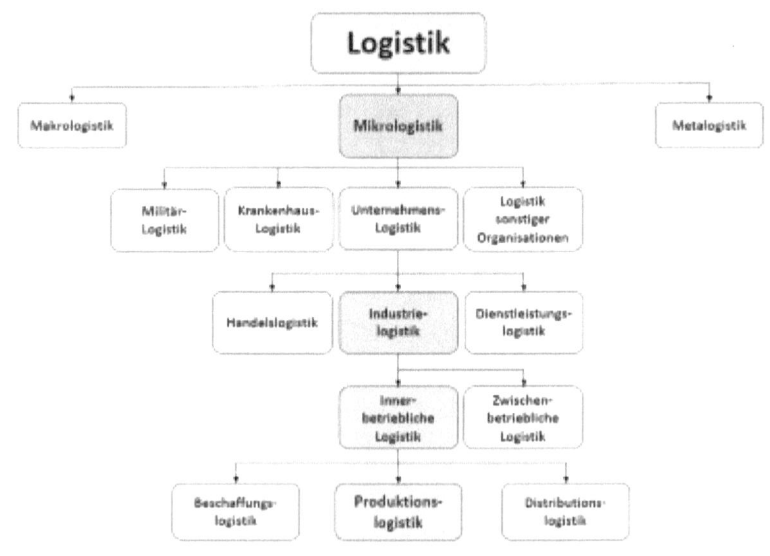


*Abbildung 7: Institutionelle Abgrenzung der Logistik*[9]

## 2.5 Produktion und Logistik der Zukunft mit Industrie 4.0

Die fortschreitende Entwicklung von Informations- und Kommunikationstechniken (IKT) sorgen dafür, dass auch im Bereich der Produktion günstige und leistungsstarke Sensoren und Aktoren verfügbar sind. Diese fordern den Einsatz von Echtzeitinformationen in der Produktion. Aktuelle Entwicklungen im Produktionsumfeld streben intelligente sich selbst steuernde Objekte, also Cyber-Physischer-Systeme (CPS) an. (vgl. Spath 2013, S.20-25)

Nach Broy (2010) umfassen CPS eingebettete Systeme sowie Logistik-, Koordinations- und Managementprozesse und Internet-Dienste, die mittels Sensoren unmittelbar physikalische Daten erfassen und mit Hilfe von Aktoren auf physikalische Vorgänge einwirken, Daten auswerten und speichern. Auf dieser Basis interagieren CPS aktiv oder reaktiv mit der physikalischen und digitalen Welt und sind mittels digitaler Netze untereinander verbunden (drahtlos oder mit kabel, lokal oder global). Auch können weltweit verfügbare Daten über eine Reihe multimodaler Mensch-Maschine-Schnittstellen genutzt werden. Wenn CPS innerhalb der Produktion und Logistik interagieren und gemeinsam Aufgaben bewältigen, entstehen Cyber-Physische Produktions- (CPPS) und Logistiksysteme (CPLS). In Abbildung 8 wird ein schematischer Aufbau eines CPS aufgezeigt. (vgl. Veigt et al. 2013, S. 15-18)

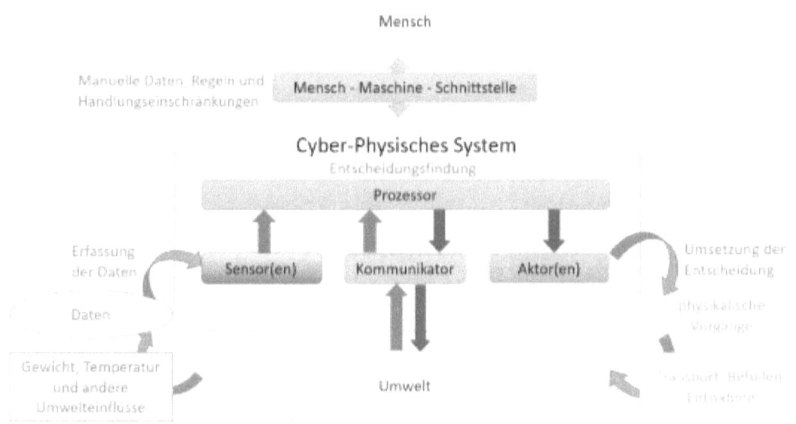


*Abbildung 8: Schematischer Aufbau eines Cyber-Physisches Systems[10]*

Im Rahmen des Forschungsprojektes CYPROS[11] werden aktuell, durch das Bundesministerium für Bildung und Forschung und dem Projektträger des Karlsruher Indsituts für Technologie, Cyber-Physische Produktions- und Logistiksysteme erforscht und in 5 Teilprojektschritten eine Einführungsstrategie und technische Realisierung, sowie deren Integration im Industriellen Umfeld entwickelt.

Die Vision ist eine sich selbst steuernde Produktion, in der Aufträge selbständig durch die Wertschöpfungskette gebucht werden.

Die Bearbeitungsmaschinen und das benötigte Material organisieren sich selbst und die Auslieferung zum Kunden wird automatisch geplant. Eine Vernetzung dieser dezentralen Systeme setzt eine flächendeckende und bezahlbare Verfügbarkeit der technischen Infrastruktur in Form von industriell einsetzbaren (Funk-) Internetverbindungen voraus. Diese Systeme werden logisch mit Anwendungen von dezentralen Steuerungsprinzipien, wie Multiagentensystemen[12] gekoppelt, die sich schon längere Zeit am *Internet der Dinge*[13] (IoT) orientieren. Dadurch wird eine Integration von realer und virtueller Welt ermöglicht was, wie in Kapitel 2.1 bereits aufgezeigt wurde, ein wesentlicher Bestandteil der Entwicklung zur Industrie 4.0 ist. Durch neue Technologien wie PC, Internet, Mobiltelefon, Smartphones, Smartwatches und mobile Endgeräte werden immernoch neue Arbeitsformen entwickelt. Der Einsatz dieser neuen Technologien steckt noch in den Anfängen. Zukünftig werden diese Technologien jedoch verstärkt in den Produktions- und Logistikbereichen eingesetzt. Steigende Vernetzungen werden dazu führen, dass die Fertigungstiefe in der Produktion weiter abnimmt und zukünftig spürbar mehr Lieferantennetzwerke enstehen. Demzufolge wird die Lagerproduktion, aufgrund individueller Produkte und wirtschaftlicher Herausforderungen, in den Unternehmen deutlich weniger werden. Die Möglichkeit kurzfristig auf Kundenwünsche reagieren zu können nimmt in den nächsten 5 Jahren einen spürbaren Stellenwert in 98,6% der befragten Unternehmen ein. So beweist dies die Studie von Hr. Prof. Dieter Spath. (vgl. Spath 2013, S.20-25)

## 2.6 Vorgehensmodelle zur Einführung von Industrie 4.0

In diesem Kapitel werden unterschiedliche Vorgehensmodelle zur Einführung von Industrie 4.0 vorgestellt.

## 2.6.1 Vorgehensmodell nach Stark et al. (2015)

Das vom Fachgebiet Industrielle Informationstechnik des IWF an der TU Berlin und dem Geschäftsfeld Virtuelle Produktentstehung des Fraunhofer-IPK entwickelte Stufenmodel zur Implementierung eines Informationsmanagements auf dem Weg zur I4.0 durchläuft 4 Stufen.

Im ersten Schritt, der *Stufe der Daten und Informationen*, erfolgt eine intelligente und verteilte Betriebs- und Maschinendatenerfassung. Voraussetzung hierbei ist, dass im Unternehmen die Maschinen mit Datenbanken vernetzt sind und eine direkte Netzwerkverbindung besteht, um die Daten auslesen und bearbeitet zu können. Diese Datenerfassung bildet die Basis für weitere Aufarbeitungen der gesammelten produktionsrelevanten Informationen und Intelligenzen. Gleichzeitigt stellt diese Datenerfassung die Voraussetzung für die Folgestufe dar.(vgl. Stark et al. 2015, S. 11)

Die zweite Stufe, *Aktivitäten in Entwicklung und Betrieb von Produktionssystemen*, ermöglicht die Veränderung von betrieblichen Abläufen. Der Einsatz von ERP-Systemen (Enterprise-Ressource-Planning Systeme), wie Oracle, SAP und Sage, stehen hier im Vordergrund. Die Informationsanalyse und Kennzahlenerfassung auf prozesstechnischer Ebene ermöglichen eine genauere Steuerung der Produktions- und Informationsflüsse. (vgl. Stark et al 2015, S. 11)

Die *Stufe der Modelle und Simulationen* wird erreicht, wenn die einzelnen dezentralen Aktivitäten definiert und realisiert sind. Es lassen sich Informationen aus den dezentralen Dienstleistungen, wie z.B. Basisdienste, Anwendungsdienste, Ingenieursdienste oder Managementdienste, über die operative Produktion gewinnen. Diese können mit intelligenten Modellen der digitalen Fabrik, wie intelligente Simulations- oder Optimierungsmodelle von Wartungsplanung oder Produktionssteuerung, verknüpft werden. In dieser Stufe sind z. B. so genannte Dashboards[14] mit den jeweiligen Produktionsleitständen und Kennzahlen online verfügbar. (vgl. Stark et al. 2015, S. 11)

Bekannte oder bereits erfolgreich realisierte Entscheidungsmuster sollen in dieser Phase der Einführung mit einbezogen werden, um die selbstlernende Fabrik zu ermöglichen.

Die letzte Stufe, die *Stufe der autonomen Handlungen* soll nicht nur die Planung von Abläufen beeinflussen, sondern die Abläufe selbst verändern und optimieren. Eine eigenständige Umgestaltung soll basierend auf neuen Produkteigenschaften, bestehenden Mustern und Auftragsdurchläufen ermöglicht werden. Dafür wird ein selbstständiger Eingriff in Steuerungen und Bearbeitungsprogramme von Maschinen, Anlagen und intelligenten Betriebsmitteln mittels neuer Technologien durchgeführt. In der letzten Stufe wird die vollständige autonome Steuerung von Maschinen übernommen. Der Mensch übernimmt lediglich die überwachende Funktion. Durch eine geeignete Plattform werden die Daten und Informationen bereitgestellt und können an betreffende Bereiche weitergeleitet werden. Eine Möglichkeit für eine autonome Maschinen-Produktkommunikation bieten z.B. die AUTO-ID Technologien. (vgl. Stark et al 2015, S. 11) In Abbildung 9 ist die beschriebene stufenweise Einführung von Industrie 4.0 nach Stark et al. (2015) dargestellt.

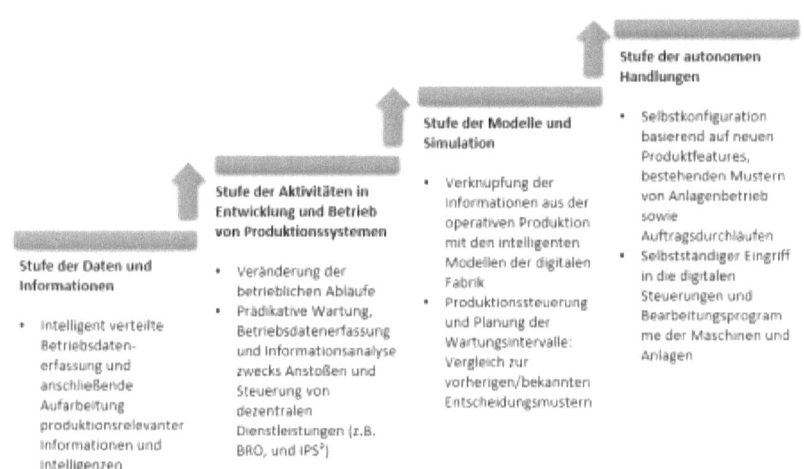


*Abbildung 9: Vorgehensmodell nach Stark et al. (2015)[15]*

Das Vorgehensmodell konzentriert sich auf die Kernelemente einer cyber-physischen Produktionswelt und zeigt auf, wie die Informationsfabrik als neue Wertschöpfungsstätte und zentrales Bindeglied zwischen der realen Fabrik und bisher ausschließlich planerischen digitalen Fabrik agiert.

## 2.6.2 Vorgehensmodell nach Merz (2016)

Das Vorgehensmodell nach Sandra Lucia Merz (2016, S.85-95) durchläuft ein Ablaufraster in 3 Schritten. Dabei wird zu Beginn (siehe Abbildung 10) die Industrie 4.0 Erfahrung erörtert und die Marktposition des Unternehmens mit Hilfe eines 3C-Models analysiert, um feststellen zu können in welchem Stadium sich das Unternehmen befindet. Beispielsweise werden die zentralen Wettbewerber analysiert, deren Strategien und Maßnahmen in Richtung I4.0 festgehalten und mit den eigenen verglichen. Auch wer die eigenen Kunden sind und wie I4.0 dazu beitragen kann diese zu halten oder die eigene Marktposition auszubauen. Am wichtigsten ist jedoch die Analyse des eigenen Unternehmens mit den Fragen: Was ist die Marktleistung? Wie wird diese Marktleistung erbracht? Dies führt zu einer Strukturierung der Produkte und der Wertschöpfungskette. Die zukünftige strategische Richtung des Unternehmens kann dadurch vorgegeben und Ziele für die Industrie 4.0 Einführung definiert werden.

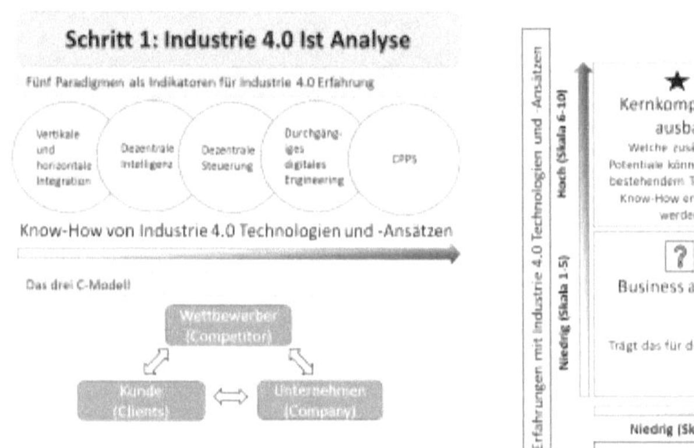
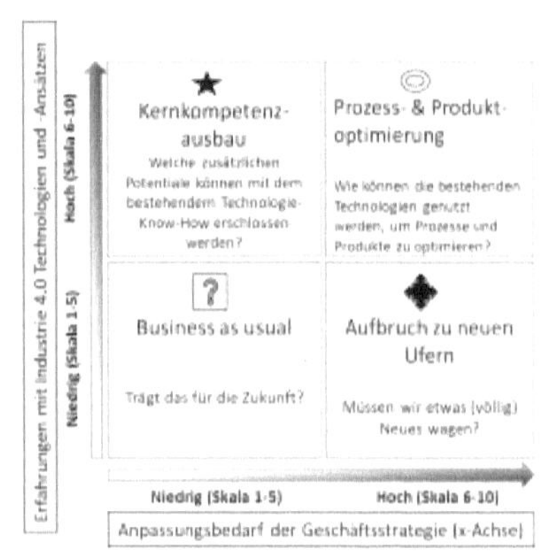

*Abbildung 10: Schritt 1 des Vorgehensmodells nach Merz (2016)*[16]

Der zweite Schritt (siehe Abbildung 11) konzentriert sich auf die Identifikation des Zielkorridors des Unternehmens und das Entwicklungsziel in Richtung I4.0. Je nach Ausgangssituation und Position ergeben sich unterschiedliche Entwicklungsszenarien mit unterschiedlichen Auswirkungen auf die Geschäftsstrategie und die Vorgehensweise zur I4.0 Einführung. Steht ein Entwicklungsszenario fest, so wird ein Projekt mit entsprechenden Zielen und Maßnahmen definiert.

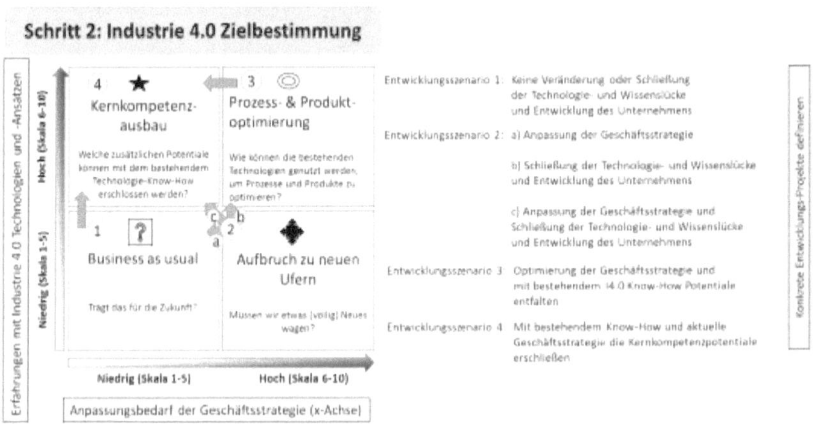


*Abbildung 11: Schritt 2 des Vorgehensmodells nach Merz (2016)[17]*

Anhand der strategischen Richtung wird eine Industrie 4.0 Einführungsstrategie entwickelt und ein Maßnahmenplan erstellt. Im dritten Schritt (siehe Abbildung 12) wird das Ziel aus dem Entwicklungsszenario in ein Projekt umgewandelt und die Ziele mithilfe von Experten aus den unterschiedlichen Fachbereichen verfolgt. Dabei wird das Projekt in 4 Ebenen aufgegliedert. Das Prozessmanagement (Ebene 2) unterstützt die Umsetzung von I4.0, macht Schwachstellen wie auch Zusammenhänge sichtbar und ermöglicht eine Basis für weitere Optimierungsvorhaben. Das Management von IT-Technologien (Ebene 3) hinterfragt die Auswahl, Planung und Implementierung geeigneter I4.0-Technologien mit den Zielen des Unternehmens und kombiniert zukünftige Einsatzmöglichkeiten. Das Management von Organisationen (Ebene 4) hinterfragt die Veränderungen der hierarchischen Untergliederung von Unternehmensbereichen, die durch eine Einführung von I4.0 betroffen sind. In der letzten Ebene 5 – Management von Mitarbeitern – wird der zukünftige optimale Umgang mit den Mitarbeitern in Zusammenhang mit I4.0 betrachtet. In Bezug auf Motivation, Führung und Entwicklung von Leistungsträgern entstehen in I4.0 vielfältige

Herausforderungen, die in dieser Ebene erarbeitet werden. (vgl. Merz, Sandra Lucia (2016), S.104-108)

Im Rahmen dieses Vorgehensmodells ist es nicht zwingend erforderlich bei Schritt 1 zu starten und jede Stufe hintereinander zu durchlaufen. Je nach Zielsetzung bzw. vorliegenden Kenntnissen in Bezug auf Industrie 4.0 können konkrete Projekte, Prozesse oder IT-technische Umsetzungen als unterschiedliche Einstiegspunkte dienen. Somit ist beispielsweise ein direkter Einstieg in Schritt 3 (Umsetzung von Maßnahmen) möglich. (vgl. Merz, Sandra Lucia (2016), S.96)

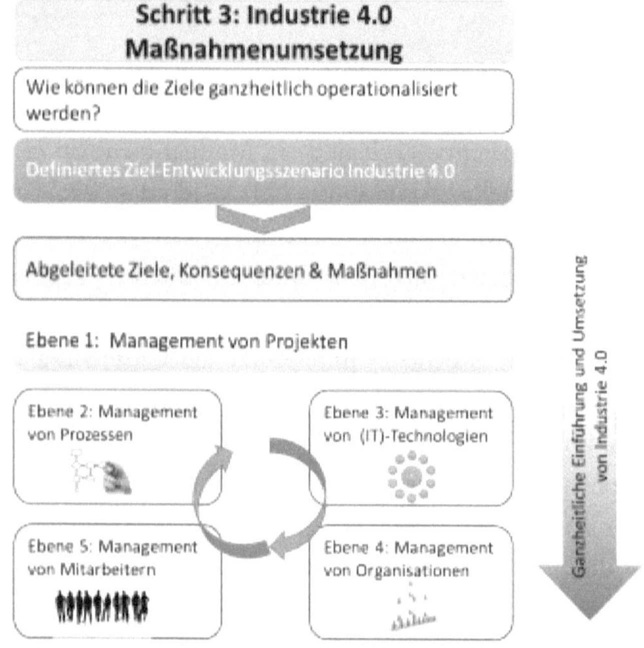


*Abbildung 12: Schritt 3 des Vorgehensmodells nach Merz (2016)*[18]

Das Vorgehensmodell findet in Schritt 3 seinen eigentlichen Schwerpunkt. Hier werden die laufenden Projekte analysiert und potenzielle Möglichkeiten für Industrie 4.0 in Bezug auf Prozesse, IT-Technologien, Organisation und Mitarbeiter erörtert.

Das Modell setzt sich verstärkt mit der bestehenden Geschäftsstrategie und Zielsetzung sowie der Einführung von Industrie 4.0 im Unternehmen auseinander.

## 2.6.3 Vorgehensmodell nach Anderl et al. (2015)

Das generische Vorgehensmodell soll kleinen und mittelständischen Unternehmen als Anleitung dienen um technologische Lösungen zu identifizieren und damit Industrie 4.0 frühzeitig angehen zu können. (vgl. TU Darmstadt (Hrsg.) 2015, S.1)

Im Rahmen der Entwicklung des Vorgehensmodells wurde die Entwicklung zukunftsfähiger Lösungen global betrachtet, jedoch spezifische Lösungen nur für die Intralogistik erarbeitet. Das generische Vorgehensmodell beginnt in der Vorbereitungsphase mit dem Schwerpunkt eine einheitliche Wissensbasis zu Industrie 4.0 im Unternehmen zu schaffen. Da Industrie 4.0 die strategische Unternehmenspositionierung auf dem Markt für alle Unternehmen entlang der Wertschöpfungskette verändert, ist es nötig sich frühzeitig ein Verständnis und Überblick über die bestehenden und zukünftigen Technologien zu verschaffen. Als Ergebnis der Vorbereitungsphase steht die Erstellung eines Industrie 4.0 Projektes, das den Nutzen von I4.0 wiederspiegelt, unentdecktes Potential des Unternehmens aufdeckt und die Zukunft des Unternehmens sichert. (vgl. TU Darmstadt (Hrsg.) 2015, S.1-7)

Auf dieser Wissensbasis wird folgend die Analysephase durchgeführt. In dieser Phase analysiert ein Projektteam, mit allen betreffenden Unternehmensbereichen und Akteuren, die Ausgangslage sowie die Marktposition des Unternehmens zu I4.0. Dabei wird das Ziel verfolgt, den aktuellen Kompetenzstand im Unternehmen zu I4.0 aufzuzeigen und daraus die Optimierungspotenziale zu erschließen. Dabei wird ein Ansatz des Werkzeugkasten I4.0[19] des *Leitfadens*

*Industrie 4.0* herangezogen, der die Grenzen des Unternehmens aufzeigt. Das Ergebnis der Analysephase ist die Erkenntnis des Unternehmens über die eigene Marktposition sowie die Optimierungspotentiale in Bezug auf I4.0. Durch den Einsatz des Werkzeugkastens ist ein Abbild des Ist-Zustandes der I4.0 Kompetenzen ersichtlich. (vgl. TU Darmstadt (Hrsg.) 2015, S.9-13)

Darauf aufbauend folgt die Ideengenerierungsphase. Mit der Kombination aus der Wissensbasis zu I4.0 und der Erkenntnis der eigenen Unternehmenssituation wird in der Ideengenerierungsphase die Möglichkeit geschaffen vom Ist-Zustand ausgehend Ideen für die Optimierung der Wertschöpfungsprozesse zu generieren, um aktuelle Geschäftsprozesse weiterzuentwickeln oder neue Modelle zu erschließen. Diese Phase ist in zwei Abschnitte aufgeteilt. Der erste Abschnitt beschäftigt sich mit den erschlossenen Optimierungspotentialen der Analysephase. Hierauf aufbauend erfolgt die Erstellung des Zielprofils. Der zweite Abschnitt bearbeitet die Weiterentwicklung aktueller Geschäftsmodelle, dessen Basis die Ergebnisse aus Abschnitt 1 bilden. Dabei werden unterschiedliche Methoden der Ideengenerierung angewendet.

Beispielsweise werden mit Hilfe von vier Leitfragen nach dem St. Gallener Business Modell die Ideen differenziert betrachtet. Diese Leitfragen sind:

- Wer sind die Zielkunden?
- Was wird dem Kunden angeboten? - Nutzerversprechen
- Wie wird die Leistung hergestellt? - Wertschöpfungskette
- Wie wird der Nutzen für das Unternehmen erzielt? - Ertragsmechanik

Die Ergebnisse der Ideengenerierungsphase sind zum einen Ideen zur Optimierung vorhandener Prozesse und zum anderen Ideen zur Weiterentwicklung bestehender Geschäftsmodelle sowie Generierung neuer Geschäftsmodelle. (vgl. TU Darmstadt (Hrsg.) 2015, S.14-19)

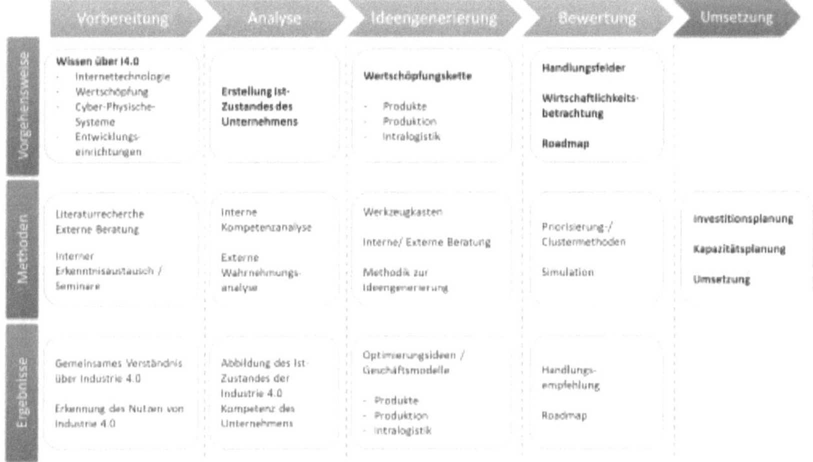

*Abbildung 13: Vorgehensmodell nach Anderl et al. (2015)*[20]

Im Rahmen der darauffolgenden Bewertungsphase werden aus dem Wissen der Vorbereitungsphase und den Ergebnissen und Ansätzen aus der Analysephase Handlungsfelder definiert, die sich aus Ergebnissen der Ideenfindungsphase gebildet haben. Jedes Handlungsfeld wird detailliert beschrieben und daraus Handlungsempfehlungen abgeleitet. Zugleich wird die Wirtschaftlichkeitsbetrachtung in Verbindung mit einer Nutzwertanalyse durchgeführt. Das Ergebnis ist die Erstellung einer Roadmap zur schrittweisen Umsetzung der definierten Handlungsfelder, die eine Umsetzung von Industrie 4.0 im Unternehmen begleitet. Gestärkt werden diese Handlungsempfehlungen durch Wirtschaftlichkeitsbetrachtungen und Simulationen. (vgl. TU Darmstadt (Hrsg.) 2015, S.19-20)

In der Umsetzungsphase endet das generische Vorgehensmodell zur Einführung von I4.0. Nachdem der Nutzen sowie die Vorbereitungen der Umsetzung mittels Handlungsempfehlungen erarbeitet wurden, wird eine Vorstandsentscheidung notwendig, sowie ein Businessplan, der eine Investitions- und Kapazitätsplanung und einen Projektverantwortlichen beinhaltet. (vgl. TU Darmstadt (Hrsg.) 2015, S.20-21)

In Abbildung 13 ist die Vorgehensweise dargestellt.

Das Vorgehensmodell liefert keine Strategie zur Umsetzung von Industrie 4.0 in einem Unternehmen, sondern vermittelt im groben eine Vorgehensweise für die Weiterentwicklung der Stärken und Kompetenzen des individuellen Unternehmens. Der Bezug auf Produktion und Logistik wird in diesem Modell berücksichtigt und schafft in der Analysephase einen methodischen Überblick über den aktuellen Ist-Zustand in Bezug auf weiterführende Industrie 4.0 Einführungen.

### 2.6.4 Leitfaden Industrie 4.0 von VDMA (2015)

Der Leitfaden (siehe Abbildung 14) soll als praxisorientiertes Werkzeug dienen um in einem Unternehmen konkrete Ansatzpunkte zur Einführung von Industrie 4.0 identifizieren und umzusetzen zu können. Die Zielgruppe bildet der Mittelstand des deutschen Maschinen- und Anlagenbaus. Der Leitfaden konzentriert sich bei der Ideenfindung auf neue Geschäftsmodelle, innovative Produkte und eine verbesserte Produktion. (vgl. VDMA (Hrsg.) 2015, S.3-5)

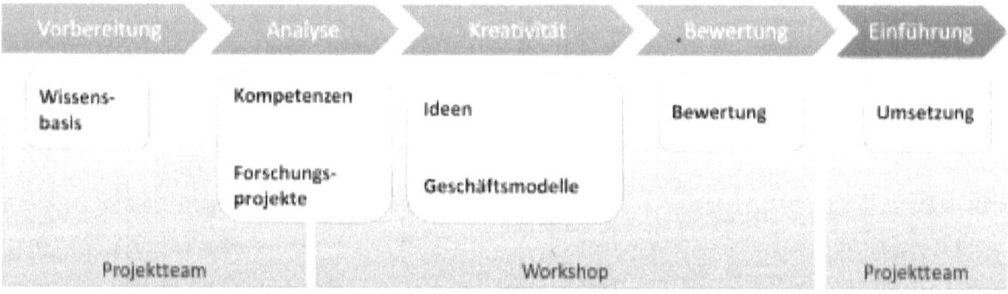

*Abbildung 14: Leitfaden Industrie 4.0 von VDMA (2015)*[21]

Dieser Leitfaden ist in Kooperation mit der TU Darmstadt entstanden. Daher ist der Ablauf ähnlich dem im vorherigen Kapitel 2.6.3 erläuterten generischen Modell der TU Darmstadt nach Rainer

Anderl (2015) und beinhaltet die gleiche Anwendungsmethodik der Werkzeuge für den Produktionsbereich.

Der Leitfaden liefert keine vorgefertigte Strategie zur Umsetzung von Industrie 4.0 in einem Unternehmen, sondern vermittelt nur die Tools und Vorgehensweisen für die Weiterentwicklung der Stärken und Kompetenzen des individuellen Unternehmens. (vgl. VDMA (Hrsg.) 2015, S.6)

## 2.6.5 Vorgehensmodell nach Biedermann (2016)

Das dreistufiges Vorgehensmodell zur Transformation in ein Industrie 4.0 Unternehmen nach Biedermann (2016) setzt sich aus der Stufe 1 (Envision), der Stufe 2 (Enable) und der Stufe 3 (Enact) zusammen.

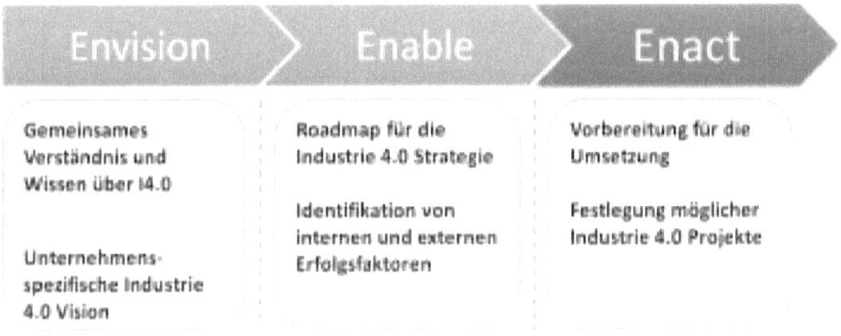

*Abbildung 15: Vorgehensmodell nach Biedermann (2016)*[22]

In der ersten Stufe soll das Verständnis für Industrie 4.0 erarbeitet, sowie eine realistische und mutige Zukunftsvision des Unternehmens in Richtung Industrie 4.0 entwickelt werden. Dabei ist die Unternehmensführung, wie auch das Umfeld (Geschäftspartner, Kunden) in die Vision, sowie die zukünftigen Prozesse mit zu berücksichtigen. In Stufe 2 wird diese Vision in ein zukünftiges Geschäftsmodell heruntergebrochen und mögliche Strategien für die Realisierung definiert. Hierbei unterstützt die Roadmap als Technik, um mögliche Strategien, Einflussfaktoren und Randbedingungen auf einen gemeinsamen Zeitstrahl einzuordnen und Abhängigkeiten untereinander aufzuzeigen. Das Ergebnis der Stufe 2 ist ein zeitlich geordneter und multi-perspektivischer strategischer Fahrplan zur Erreichung der in Stufe 1 definierten Vision des Unternehmens. Die letzte Stufe 3 im Vorgehensmodell hat das Ziel konkrete abgestimmte Projekte abzuleiten, welche die wichtigsten Handlungsfelder, bezugnehmend auf die Unternehmensvision, aufzeigt.

Dieses Modell dient dazu eine zukünftige Industrie 4.0 Vision und Strategie für das Unternehmen abzuleiten, jedoch nicht um eine schrittweise Einführung in der Produktionslogistik durchzuführen. (vgl. Biedermann (Hrsg.) 2016, S.255-262)

## 2.6.6 Vorgehensmodell nach Bauernhansl (2014)

Das am Fraunhofer IPA entwickelte Vorgehensmodell besteht aus sieben Stufen. Dieses zeigt auf wie sich ein Unternehmen dem Thema Industrie 4.0 annähern soll und Konzepte sowie Technologieeinführungen in der eigenen Wertschöpfung, vor allem in den Produktionssystemen, realisiert werden können. Mit Hilfe dieser Methodik kann das Nutzenpotenzial unterschiedlicher Industrie 4.0 Aspekte für einzelne Unternehmen objektiv eingeschätzt und die Einführung von I4.0-Konzepten systematisch geplant und durchgeführt werden. Dieses Vorgehensmodell kann in drei Hauptabschnitte unterteilt werden. Im ersten Schritt – *Aufnahme und Analyse der zu betrachtenden Prozesse* - werden diejenigen Geschäftsprozesse herausgearbeitet, die für eine Einführung von I4.0 für das Unternehmen relevant sind. Dabei gilt es die Hauptprozesse zu detaillieren um auch die Unterprozesse festlegen zu können. Folgend wird eine Analyse durchgeführt und Verbesserungspotenziale erarbeitet. Dabei soll überlegt werden welche Technologien (Vernetzung in Echtzeit, Software Services in der Cloud oder CPS) helfen können diese Prozesse zu verbessern. Methoden wie die Wertstromanalyse, Expertenbefragung, Gap-Analyse und Benchmarking helfen hierbei die Prozesse zu analysieren. Das Ergebnis dieses Schrittes ist eine Landkarte mit allen Prozessen, die für eine I4.0 Einführung in Frage kommen, sowie eine detaillierte Beschreibung der Problemstellungen der Prozesse und Potenziale in Hinblick auf I4.0. (vgl. Bauernhansl, Thomas; Hompel, ten Michael; Vogel-Heuser, Birgit 2014, S.588-590)

Im zweiten Schritt – *Ermittlung Industrie 4.0 Readiness* – soll eine Entscheidungsgrundlage für die Umsetzungsplanung erstellt werden. Dabei dienen die in Schritt 1 definierten Prozesse als Grundlage. Diese werden mit Industrie 4.0-Standardanwendungsfällen verglichen. Darauf aufbauend wird geprüft welche Voraussetzungen bereits im Unternehmen bestehen und welche organisatorischen und technischen Anpassungen noch vorgenommen werden müssen. Hierzu wird ein I4.0 Werkzeugkasten angewendet, um das Unternehmen richtig einschätzen zu können. Aus einem systematischen Abgleich aller Soll-Prozesse mit den dazugehörigen I4.0-Standardanwendungsfällen und beispielhaften Umsetzungsszenarien der Industrie 4.0 Realisierbarkeit ergeben sich Anpassungsstrategien der zukünftigen Prozesse. Das Ergebnis ist eine Entscheidungsgrundlage für die Umsetzungsplanung. (vgl. Bauernhansl et al. 2014, S.590-591)

Im dritten Schritt – *der Umsetzungsplanung* - steht am Anfang die Kommunikation mit allen Beteiligten, die ein Mitspracherecht in Umsetzungsfragen haben. Ziel dieser frühzeitigen Kommunikation soll eine möglichst große Unterstützung durch die Mitarbeiter sein. Diese Kommunikation muss auch mit Kunden und Lieferanten durchgeführt werden, die von einer Prozessänderung betroffen sind. In der Umsetzungsplanung wird ein iteratives Vorgehen angewendet. In Abbildung 16 wird die erläuterte Vorgehensweise und deren Inhalte schrittweise aufgezeigt.

Diese Vorgehensweise bedeutet, dass nicht alle Prozesse gleichzeitig einer Optimierung unterliegen. Es wird eine Rangfolge definiert, nach der diese Prozesse auf Industrie 4.0-Konzepte migriert werden. Das iterative Vorgehen beinhaltet somit mehrere

Umsetzungsschleifen der Prozesse in das Industrie 4.0 Produktionssystem. (vgl. Bauernhansl et al. 2014, S.591-592)

| I | II | III | IV | V | VI | VII |
|---|---|---|---|---|---|---|
| Fachinformation (Veranstaltungen) Workshops mit Führungskräften Besuch von Referenzfirmen Kontinuierlicher Austausch mit der Plattform I4.0 | Dezentrale Entwicklung von Anwendungsfällen im Unternehmen Focus: Echtzeit, Dezentralität, Software Services Erste grobe Nutzen- und Kostenanalyse | Workshops mit Führungskräften Ziel: Auswahl von Anwendungs-fällen mit bestem Kosten Nutzenverhältnis und geringsten Umsetzungsrisiko | Kommunikation: Einbindung Mitarbeiter, Betriebsrat, Kunden, Lieferanten Lead-Kunden Lead-Lieferanten | Umsetzung der Anwendungsfälle in einem Pilotprojekt (80-20 Regel) Evaluierung von Kosten und Nutzen Workshops zur Entwicklung neuer use case Ideen | Definition Roadmap zum Ausrollen von erfolgreich evaluierten Industrie 4.0 Anwendungsfälle über das ganze Unternehmen Auslegung des Programms zur Pilotumsetzung neuer use cases | Roll-out über ganzes Unternehmen mit kontinuierlicher Evaluation Verankerung der Prinzipien der 4. industriellen Revolution im Produktionssystem |
| Verständnis Erkenntnis Commitment | Lange Liste mit Anwendungsfällen | Kurze Liste von Anwendungsfällen Projektprogramm | Umsetzung Commitment Mitarbeiter | Evaluierte Anwendungsfälle Umsetzungs-erfahrung | Umsetzung Roadmap Industrie 4.0 Evaluierte und neue Anwendungsfälle | Industrie 4.0 Produktionssystem |

Aufnahme und Analyse der zu betrachtenden Prozesse

Ermittlung Industrie 4.0 Readiness

Umsetzungsplanung

*Abbildung 16: Vorgehensmodell nach Bauernhansl (2014)*[23]

## 2.7 Technologien für die Industrie 4.0 in der Produktionslogistik

Nicht nur das richtige Vorgehensmodell zur Implementierung von I4.0, sondern auch die schrittweise Einführung der richtigen und für das Unternehmen wirtschaftlichsten Technologien ist wichtig.

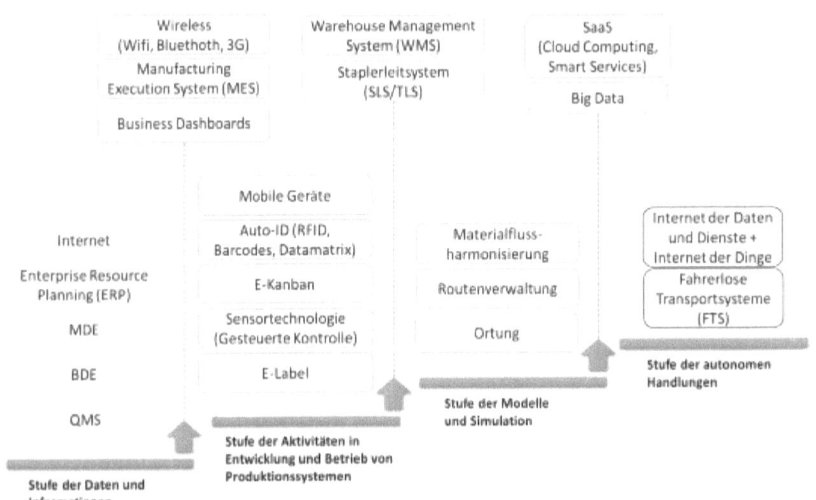


*Abbildung 17: Stufenweise Einführung der Technologien zu I4.0*[24]

Die Digitalisierung, Smart Services und Prozessautomatisierung sollten im Zuge von Industrie 4.0 sukzessive ausgebaut werden.[25] Es besteht die Möglichkeit entweder die eigene Infrastruktur mit modernen Technologien weiter auszubauen oder moderne und sichere Cloud Services einzusetzen. In Abbildung 17 wird in vier Stufen aufgezeigt welche Technologien, in Anlehnung an Stark et al (2015), schrittweise eingeführt werden können, um dem Ziel Industrie 4.0 in der Produktionslogistik und im Unternehmen näher zu kommen. Daraufhin werden diese im Einzelnen näher erläutert.

## 2.7.1 Technologien der ersten Stufe zur Industrie 4.0

**Das Internet:**

Das Wort Internet setzt sich zusammen aus den Wörtern *Inter* und *net* was für *Interconnected Networks* steht. Interconnected heißt *miteinander verbunden*, Network heißt übersetzt *Netzwerke*. Internet ist somit eine Abkürzung und bedeutet *Netzwerke, die miteinander verbunden sind.* (vgl. Oppermann 2011, S.15)

Die Internettechnologie dient als wesentliche Voraussetzung für I4.0 (vgl. TU Darmstand (Hrsg.) 2015, S.6)

**Enterprise Ressource Planning (ERP):**

Ein ERP System ist „...ein Software-System das entwickelt wurde um sämtliche Informationen und Aktivitäten eines Unternehmens über die gemeinsame Nutzung von Daten zu organisieren" (Cambridge Dictionary Online 2016)

Ein ERP System trägt somit bei, die Unternehmensprozesse zu standardisieren und den Informationsaustausch der verschiedenen Unternehmensbereiche in optimierter Form zu ermöglichen. ERP Systeme bestehen aus Software-Modulen, einer Datenbank zur Datenspeicherung und Benutzerschnittstellen (vgl. Holland & Light 1999, S.30-S.36). Gute ERP Systeme ziehen jedoch nicht nur Betriebsprozesse mit ein, sondern auch strategische Ziele und vereinfachen und unterstützen so die Entscheidungsfindung (vgl. Stefanou 2001, S.204-215). Zudem sind diese erweiterbar und ermöglichen integrierte Lösungen für verschiedene Bereiche, wie beispielsweise das Kundenmanagement. (vgl. Rosemann 1999, S.773-784)

Die bekanntesten ERP Systeme in Deutschland sind SAP R/3, Oracle EBS R12, Microsoft Dynamics und ABAS.

Laut Professor Spath (2013, S.104) sind aktuelle ERP-Systeme noch nicht reif für die Industrie 4.0, da diese kaufmännischen Modelle und planerische Prozesse verwenden, die auf dem Gedanken der zentralen Planung, Erfassung und Kontrolle aller materiellen und immateriellen Abläufe basieren. Daher muss bei der ERP-Systemauswahl berücksichtigt werden wie flexibel die Schnittstellenanbindung mit zukünftigen Industrie 4.0-Systemen realisierbar ist.

**Betriebsdatenerfassung (BDE):**

Die Betriebsdatenerfassung umfasst alle Maßnahmen, die erforderlich sind, um Daten in maschinell verarbeitungsfähiger Form am Ort ihrer Verarbeitung bereitzustellen.

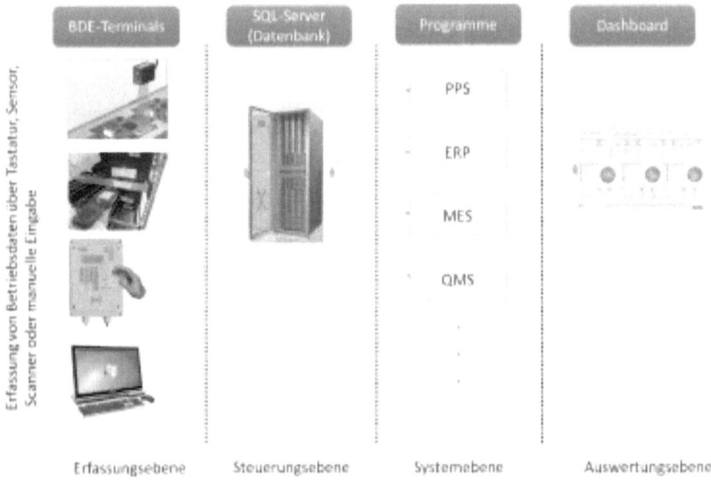


*Abbildung 18: Vereinfachter Ablauf einer Betriebsdatenerfassung[26]*

BDE ist somit ein Oberbegriff für unterschiedliche Erfassungsverfahren wie Maschinendatenerfassung, mobile Datenerfassung, Prozessdatenerfassung, Qualitätsdaten-erfassung, Auftragsdatenerfassung und Zeitdatenerfassung. Betriebsdaten sind die im Laufe eines Produktionsprozesses anfallenden Daten.

Diese können technisch als auch organisatorisch sein. Ein BDE-System ist ein unterstützendes Hilfsmittel um betriebliche Daten erfassen und auslesen zu können. Dies geschieht häufig mit automatisch arbeitenden Datengebern (Sensoren) oder einer manuell bedienten Datenstation (Scanner, Terminals). (vgl. Koukal 2001, S.31-32) In Abbildung 18 wird der soeben beschriebene Ablauf einer Betriebsdatenerfassung in vereinfachter Form aufgezeigt.

**Maschinendatenerfassung (MDE):**

Die Maschinendatenerfassung ist ein Teil der BDE. Mithilfe von Maschinendaten können die Produktionszeiten und -mengen ermittelt und durch deren Analyse technische und organisatorische Stillstände aufgezeigt werden. Maschinendaten sind alle Daten, die automatisch oder manuell an den Produktionsanlagen erfasst werden. Maschinendaten können beispielsweise Stillstands- und Laufzeitendaten sein, die eine Errechnung von Maschinenauslastung und Effektivität ermöglichen. Von einer MDE wird gesprochen, wenn eine direkte Anbindung der Maschine an ein erfassendes datenbankgeführtes System besteht, welches die laufenden Maschinendaten erfasst. (vgl. Wittlif 2010, S.23-25)

**Qualitätsmanagement System (QMS):**

Ein Qualitätsmanagementsystem ist ein System, welches die im Unternehmen zu erfüllenden DIN EN ISO Normen beinhaltet und überwacht. Ein QMS fördert die Verbesserung innerbetrieblicher Abläufe, verringert Risiken bei der Produkthaftung und schafft Vertrauen in der Kommunikation zum Kunden oder Lieferanten. (vgl. Sauer 2002, S.6)

Qualitätsmanagementsysteme sind zum Beispiel:

QSys, Babtec, ConSense und eQMS[27]


## 2.7.2 Technologien der zweiten Stufe zur Industrie 4.0

**Manufacturing Execution System (MES):**

Unter einem Manufacturing Execution System wird ein Anwendungssystem verstanden, dass die Steuerung und Kontrolle der Produktion ermöglicht. Dies wird durch die Bereitstellung von Produktionsdaten und –parametern realisiert und damit zugleich eine schnellere Reaktionsfähigkeit im Störungsfall gewährleistet. Das MES kontrolliert die Produktionsaufträge und die benötigten Ressourcen innerhalb der Produktion sowie deren Grob- und Feinplanung. Folglich ist ein MES die Weiterentwicklung eines PPS-Systems (Produktionsplanungs- und Steuerungssystems). Ein MES wird unter dem ERP-System aufgesetzt, welches die strategische Planung der Prozesse abbildet. Die Verbindung zwischen der Unternehmensebene (ERP) und der ausführenden Ebene (Feldebene), welche den technischen Prozess regelt und überwacht, wird mit Hilfe des MES hergestellt. (vgl. Hausladen 2016, S.123)

Beispielsweise bieten folgende MES Anbieter Industrie 4.0-fähige Software:[28]

- Fastec GmbH / Paderborn: FASTEC 4 PRO
- L-mobile Systeme GmbH & Co. KG / Bonn: L-Mobile Production

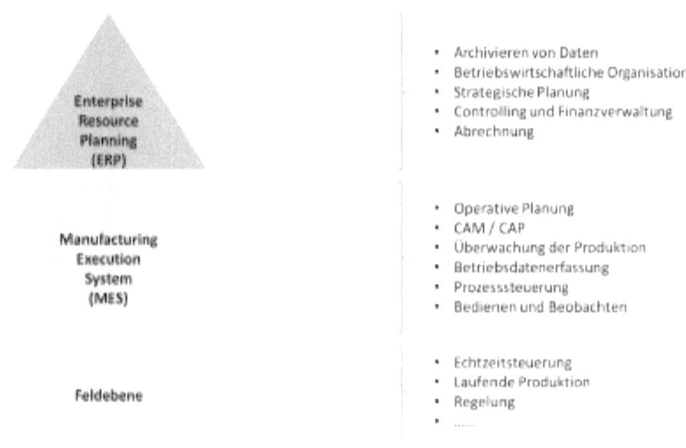


*Abbildung 19: Einordnung des MES anhand der Automatisierungspyramide*[29]

**Business-Dashboards:**

Mittels Dashboards können die Daten aus den Sub-Systemen visualisiert und grafisch dargestellt werden und dadurch einen Überblick über alle angeschlossenen Systeme geben. Auf sogenannten interaktiven Business-Dashboards können Echtzeitdaten über die Leistung der Geschäftsprozesse dargestellt werden. Das führt zu einer schnelleren Information über Ausnahmesituationen im Unternehmen und dient der Entscheidungsunterstützung für das Management. Die Betriebsdaten können aus dem ERP, BDE, MDE oder MES abgerufen und grafisch veranschaulicht werden. (vgl. Bauernhansl, Thomas; Hompel, ten Michael; Vogel-Heuser, Birgit 2014, S.405, 551)

**Mobile Einsatzgeräte:**

Mobile Einsatzgeräte sind nicht nur in der klassischen IT-gestützten Produktions-, Distributions- oder Lagerlogistik im Einsatz, sondern auch bei instandhaltungslogistischen Aktivitäten nützlich. Der Personal Digital Assistant (PDA) wie auch der Tablet PC werden bereits in einem breiten Anwendungsgebiet verwendet. Damit können Informationen, wie Maschinendaten, Stücklisten oder Anlagendokumentationen, unterwegs oder direkt vor Ort von einem zentralen Server abgerufen werden. Der Datenabruf erfolgt über Docking Stationen, WLAN oder GSM/GPRS aus einem ERP-System, QMS oder einem beliebigen angebundenen System. Dabei ersetzt der PDA oder der Tablet PC einen vormals rein papierbasierten Prozess und führt so zu einem schnelleren Prozessdurchlauf sowie zu einer saubereren und aktuelleren Datenhaltung. (vgl. Hausladen 2014, S.206)

| Hands-Free-Devices | | |
|---|---|---|
| Brille (wie Google Glass) | Ring-Scanner | Smart Watch |
| **Hand-Devices** | | |
| Handlaser-Scanner | Mobiler Computer | Handheld |

*Abbildung 20: Mobile Einsatzgeräte*[30]

Mobile Endgeräte werden dazu benötigt um den Informations- und Materialfluss im Leistungserstellungsprozess miteinander zu verknüpfen. Dabei wird mit Hilfe des Endgerätes die Information über den Materialfluss via Scanning von Barcodes und Radio Frequency Identifikation Tags (RFID-TAGS) erfasst und in einer Datenbank abgespeichert. (vgl. Wannenwetsch 2014, S.289) Einige Varianten dieser mobilen Endgeräte sind in Abbildung 20 dargestellt. Dabei kann zwischen Hands-Free-Devices und Hand-Devices unterschieden werden.

### Kommunikationstechnologien

Im Folgenden werden ein paar Technologien aufgezeigt, die eine Kommunikation zwischen Mensch- Maschine und Maschine-Maschine ermöglichen.

- **Wireless Local Area Network (WLAN)**

Das WLAN stellt eine Möglichkeit dar, kabellos und mobil auf das Internet bzw. auf das interne Firmennetz und deren Systeme zu zugreifen. (vgl. Hausladen 2016, S.63)

- **Bluetooth**

Bluetooth ermöglicht eine kabellose Kommunikation über eine kurze Distanz. In der Regel über eine Entfernung die weniger als 9,1 Meter beträgt. (vgl. Huang und Rudolph 2007, S.1) Jedes Bluetooth-Gerät besitzt eine weltweit eindeutige Kennung, die sogenannte Bluetooth-Geräteadresse. Um Geräte über Bluetooth zu suchen und anschließend miteinander zu verbinden werden über 79 Kanäle Bitfolgen versendet, die unter anderem auch die eigene Geräteadresse beinhaltet. Umliegende Geräte beantworten diesen Suchruf mit ihrer eigenen Geräteadresse. Der Suchende bestätigt dessen Antwort um die Verbindung herzustellen. (vgl. Finger 2008, S.29)

- **Radio Frequency Identification (RFID):**

RFID ist eine Technologie zur berührungslosen Übertragung von Daten per Funk zwischen einem Datenträger (Transponder) und einer Lese-/ Schreibeinrichtung (Scanner). Der Transponder wird im Empfangsbereich des Scanners durch das elektromagnetische Feld des Scanners aktiviert und die Daten werden an die Lese-/ Schreibeinrichtung übermittelt. Der Transponder kann an Stückgütern, Verpackungen oder Transporteinheiten angebracht und mit den benötigten Informationen elektronisch beschriftet werden. Das ermöglicht die Kommunikation mit der Umwelt an den Identifikationspunkten. Es gibt viele verscheiden Varianten an Transpondern, deren Reichweite zwischen 2 mm und 100 m liegen kann. Neben der Identifikation über eine Luftschnittstelle wird auch eine Steuerung und Verfolgung, von mit einem Transponder markierten Objekten, mittels RFID ermöglicht. (vgl. Franke, Werner und Dangelmaier, Wilhelm (Hrsg.) 2006, S.8-10)

- **Universal Mobile Telecommunication System (UMTS)**

Das UMTS ist ein Mobilfunkstandard der dritten Generation (3G) mit einer Datenübertragungsrate von bis zu 42Mbit/s (HSPA+). In den nächsten Jahren wird das UMTS durch die vierte Generation, dem LTE (Long Term Evolution), mit einer Datenübertragungsrate von bis zu 100Mbit/s abgelöst. Die Datenübertragung über LTE via

Smartphones und Internet wird durch Telekommunikationsanbieter verstärkt umgesetzt. (vgl. Holma und Toskala 2011, S.5)

**Barcodes:**

Barcodes stellen graphische Formen dar welche durch Barcodescanner gelesen werden können. Bekannte Arten von Barcodes sind der Handstrichcode (Code-128), der Stacked Code, der 2D Quick Response (QR) Code sowie der 3D Code. (vgl. Hausladen 2016, S.56) Diese sind in der Abbildung 21 dargestellt.

*Abbildung 21: Diverse Arten von Barcodes*[31]

**Elektronisches Kanban (e-Kanban):**

Beim klassischen Kanban-Verfahren wird der Nachschub durch Karten (Japanisch: Kanban) geregelt. Dabei wird die Karte, sobald ein Behälter leer ist oder ein Bestellbestand erreicht wurde, an ein Brett gehängt. Dieses einfache selbstregelnde Verfahren führt jedoch zu einem hohen Aufwand und Zeitbedarf für das Erstellen, Rücklaufen und Erfassen der Karten. Das lässt sich durch das e-Kanban-Verfahren vermeiden, da der Nachschub durch Scannen der Behältercodierung direkt am Verbrauchsort ausgelöst wird. Die Anforderung einen neuen Nachschubbehälter auszulagern oder zu befüllen wird an die Lieferstelle elektronisch übermittelt. Der volle Behälter mit einem codierten Etikett oder Transponder wird unverzüglich an die Bedarfsstelle geschickt. Der Empfang wird an der Verbrauchsstelle durch scannen quittiert. Folglich entfällt die Karte und der Leergutrücklauf wird vom Vollbehälternachschub entkoppelt. (vgl. Gudehus, Timm 2005, S. 471)

**Warehouse Management System (WMS)**

Das Warehouse Management System dient in erster Linie der Verbesserung von Lagerprozessen. Dabei werden Verbesserungen in Überprüfung und Durchführung der Wareneingangs- und Versandabwicklungsprozesse erzielt, sowie die Koordination von Lagerbewegungen ermöglicht. Ein WMS erlaubt die zentrale Verwaltung von unterschiedlichen, räumlichen und auch örtlich getrennten Lager- und Produktionsstätten. Dabei ist ein WMS, wie das MES, ein produktionsnahes System, welches auf einem ERP und QMS aufgebaut wird. (Vgl. Reidel 2011, S.294)

Anhand gängiger Aufgabenverteilungen werden vier Ebenen identifiziert, in denen Intralogistiksysteme mit Materialflusssteuerung agieren. Diese Ebenen sind in Abbildung 22 dargestellt.

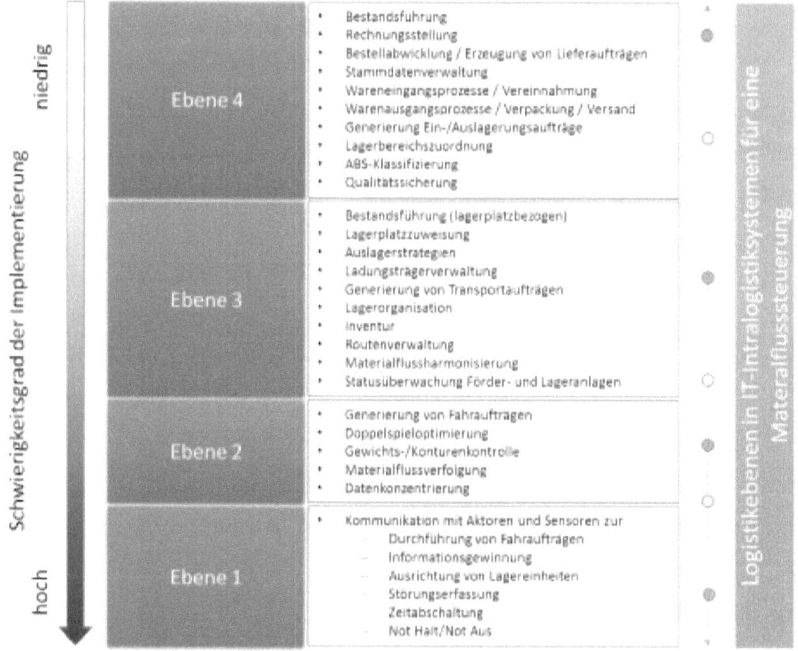


*Abbildung 22: Die Hierarchieebenen des IT-Systems WMS[32]*

Die oberste Ebene beinhaltet auch nicht logistische Tätigkeiten wie die Rechnungsstellung. Wie stark der Bezug zu den unterschiedlichen Bereichen außerhalb der Logistik ist hängt von der Software und den Anforderungen des Unternehmens ab. Die Ebene drei gibt die Sicht des Lagers als Gesamtsystem wider. Schwerpunktmäßig wird die Synchronisation und Optimierung von Subsystemen in dieser Ebene realisiert. In Ebene zwei liegt der Schwerpunkt in der Steuerung der Subsysteme. Typische Systeme, die in dieser Ebene agieren, sind Materialflusssteuerungssysteme (MFS) für einen automatisierten Lagerbereich oder Flurförderstreckenabschnitte, der Einsatz von Staplerleitsystemen (SLS) oder beleglose Kommissionier-Systeme (Pick-by-Voice). In Ebene eins werden logistische Befehle in physische

Bewegungen umgesetzt und Sensoren senden mögliche Informationen zurück an Ebene 2 zu den Subsystemen. (vgl. Pott 2015, S. 58-61)

**Staplerleitsystem (SLS/TLS):**

Ein Staplerleitsystem besteht aus einem rechnergestützten Leitrechner oder Leitstand, einem drahtlosem Übertragungsmedium und mobilen Anzeigegeräten. Der Haupteinsatzzweck liegt in der Fahrzeugdisposition und –führung. (vgl. Hompel, ten Michael (Hrsg.) und Heidenblut, Volker 2011, S. 294) D.h. die übermittelten Transportaufträge werden durch das SLS verwaltet, überwacht, zurückgemeldet und ausgewertet. Deren Abarbeitung wird ebenfalls durch das SLS gesteuert. Mit Hilfe des SLS können alle damit verbundenen Transportmittel gesteuert und deren Einsatz optimiert werden. Das SLS ist mit einem ERP System oder dem WMS verbunden. (vgl. Bichler, Klaus; Riedel, Guido und Schöppach, Frank 2013, S. 23)

## 2.7.3 Technologie der dritten Stufe zur Industrie 4.0

**Ortungsverfahren**

Für die Koordination von Materialflüssen und deren Informationsflüssen entlang der Wertschöpfungskette spielt die Lokalisierung bzw. Ortung eine wichtige Rolle. Zum einen kann über Identifikationstechnologien (RFID, Barcode, Sensorik) ein Tracking und Tracing von Logistikobjekten erfolgreich durchgeführt werden. Zum anderen ermöglicht die Ortung, bei eintretenden Ereignissen, ein schnelles Eingreifen und Einleiten eines Maßnahmenmanagements. Ein mögliches Ortungsverfahren ist das Global Positioning System (GPS). (vgl. Hausladen 2016, S.55)

Alternativ kann die Hybridortung in der Logistik zum Einsatz kommen. Das Hybridortungssystem entsteht durch Kombination von bild- und funkbasierten Ortungsverfahren. Durch diese Kombination können extrem unterschiedliche Genauigkeitsanforderungen abgedeckt werden. Das System kombiniert primär das Verfahren der

WLAN-Fingerprintortung[33] und der bildbasierten Ortung definierter Markersymbole (Barcodes). Das Hybridortungsverfahren ist für den Einsatz in metallverarbeitenden Unternehmen besonders geeignet. (vgl. Schenk 2010, S.2)

## 2.7.4 Technologien der vierten Stufe zur Industrie 4.0

**Internet der Dinge (IoT):**

Die International Telecommunication Union (ITU) definiert IoT als "a global infrastructure for the information society, enabling advanced services by interconnecting physical and virtual things based on existing and evolving interoperable information and communication technologies" (Y. Series 2001)

Als Internet der Dinge wird somit eine dynamische Netzwerkinfrastruktur mit unterschiedlich aktiven und beteiligten Dingen bzw. Gegenständen verstanden, welche Daten und Informationen eigenständig im Internet speichern, verarbeiten und eigenverantwortlich Handlungen ausführen kann.

Das Internet der Dinge in Bezug auf die Logistik beschreibt die umfassende RFID-basierte Kennzeichnung von Dingen mit einem elektronischen Produktcode (EPC) und Speicherung der Informationen in Datenbanken. Der EPC verweist auf eine Internet-Adresse oder einem Datensatz im ERP, MES oder WMS System, unter der sich weitere Informationen befinden. Außerdem beschreibt IoT die Möglichkeit diese Daten zu verändern und mehr Informationen abzulegen, als zur reinen Identifikation benötigt werden. Dadurch *wissen* die Gegenstände in der Logistik direkt an welchem Ort diese benötigt werden und finden selbständig den Weg dorthin. Das IoT wird auch als das dezentrale strukturierte Internet bezeichnet. (vgl. Bullinger und Hompel 2007, S. XXIV)

**Fahrerlose Transportsysteme (FTS):**

Fahrerlose Transportsysteme sind bereits ein wichtiger Bestandteil der Intralogistik und werden seit ca. 1995 als gestandene Technik, jedoch mit weiteren Innovationspotenzial, in diesem Bereich eingesetzt. (vgl. Ullrich, Günter 2014, S. 1-2) FTS besitzen einen eigenen Fahrantrieb und können berührungslos geführt, sowie automatisch gesteuert werden. Sie werden zum Ziehen und/ oder Tragen von Fördergut eingesetzt. Die Lastaufnahme auf ein FTS kann sowohl passiv als auch aktiv erfolgen. (vgl. Ullrich, Günter 2014, S. 105)

*Abbildung 23: TFS von Jungheinrich*[34]

**Intelligente Transporteinheiten:**

Durch das Fraunhofer IML und dem Lehrstuhl für Förder- und Lagerwesen der TU Dortmund wurde mit dem *INBIN* ein weiterer Schritt in Richtung IoT gewagt. So ist der Behälter in der Lage den gesamten Kommissionier Vorgang zu leiten und zu kontrollieren. Von der Artikelanzeige über die Bestätigung und der Ausgabe von Fehlermeldungen. Alle Schritte erfolgen direkt am Behälter und werden mit Hilfe eines Displays angezeigt. (vgl. IML Fraunhofer 2016, Themenbroschuere)

*Abbildung 24: Intelligenter Behälter - INBIN*[35]

# 3 Unternehmensanalyse

In diesem Kapitel wird die aktuelle Problematik in der Produktionslogistik des Beispielunternehmens MUSTERCOMPANY näher beschrieben und die zukünftige Vision des Unternehmens für die Produktionslogistik 2020 definiert.

## 3.1 Aktuelle Problematik in der Produktionslogistik

Durch Befragung von Mitarbeitern und des Managements, sowie durch Analysen und einem durchgeführten Workshop wurde die aktuelle Ist-Situation der Produktionslogistik erarbeitet.

Beispiel:

Im Unternehmen MUSTERCOMPANY wird viel Zeit, Arbeit und Energie dafür aufgewendet Materialien, Halb- und Fertigerzeugnisse wieder zu finden oder festzustellen in welchem Produktionsauftrag diese eingeflossen sind. Das fehlerhafte und verzögerte Buchungsverhalten führt zu Fehlbeständen im System und hohen Schwundwerten. Für die laufende Inventur und das korrigieren der Bestände sind mehrere Mitarbeiter in unterschiedlichen Bereichen täglich mehrere Stunden beschäftigt. Aufgrund fehlerhafter, nicht zeitnaher Buchungen und Abweichungen vom Standardprozess entstehen Mehrkosten in allen Bereichen. Die Produktion muss fehlende bzw. nicht auffindbare Erzeugnisse erneut produzieren, was die Produktionsplanung erschwert. Auch wird der nächste Fertigungsarbeitsschritt verzögert angesteuert oder beim Versand die LKW Beladezeit verlängert, wenn die Erzeugnisse nicht rechtzeitig auffindbar sind. Zuzüglich werden Ressourcen verbraucht, deren Einsatz anderweitig Anwendung finden sollte.

In der Produktionslogistik werden selten eigenverantwortlich Buchungen durchgeführt, da die meisten Materialbuchungen durch die Mitarbeiter in der Produktion oder aber direkt durch den abschließenden Fertigungsauftrag (Fertigmeldelagerplatz ist systemtechnisch hinterlegt) ausgelöst werden. Die Produktionslogistik übernimmt aktuell die transportierende Rolle, nicht aber die buchende. Eine Kontrolle, dass das Material durch die Produktionslogistik tatsächlich an den Übergabeplatz oder Lagerplatz gestellt wurde gibt es nicht. Zusätzlich zu dieser Buchungsproblematik sind die Lagerbereiche und Übergabeplätze im äußeren Bereich nicht detailliert genug definiert und visuell (Beschriftungen) ersichtlich. So existieren virtuelle Lagerplätze im ERP-Lager-System, die nicht den tatsächlichen örtlichen Gegebenheiten entsprechen. Erschwerend kommt hinzu, dass für die Mitarbeiter im Produktionslogistikbereich keinerlei Infrastruktur vorhanden ist, welches eine direkte vor Ort-Buchung (Echtzeit-Buchung) erlaubt.

## 3.2 Vision des Unternehmens für die Produktionslogistik

Im Rahmen eines Workshops, zusammen mit den verantwortlichen Mitarbeitern aus der Produktionslogistik, wurde zuzüglich zu den in Absatz 3.1 beschriebenen Problematiken eine zukünftige Vision in der Produktionslogistik erarbeitet und definiert. Die Idealvorstellung für 2020 wird in Abbildung 25 gruppiert aufgezeigt.

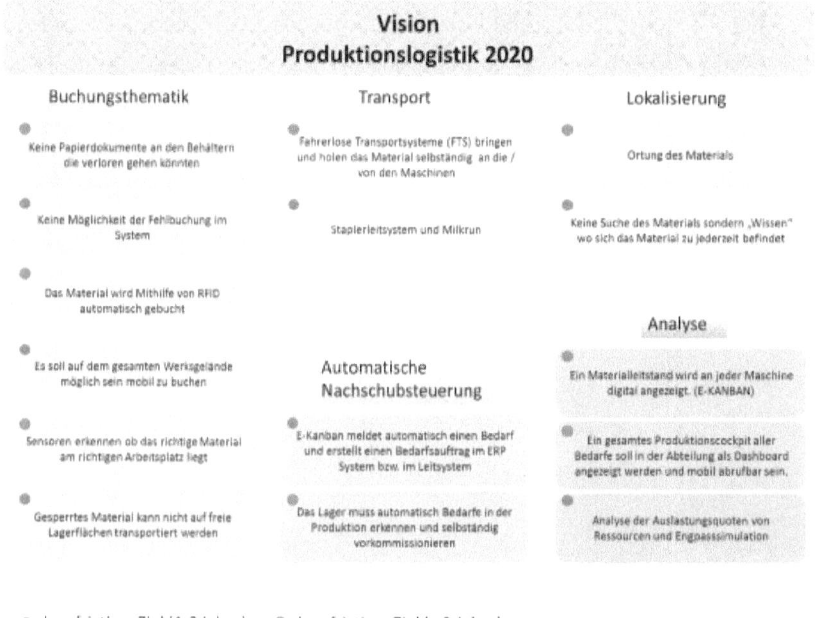



*Abbildung 25: Vision der Produktionslogistik 2020 von MUSTERCOMPANY*[36]

So wird innerhalb der Produktionslogistik angestrebt, das Buchungsverhalten und auch das Transportmanagement zu überdenken. Fahrerlose Transportsysteme sollen Material zwischen den Arbeitsvorgängen transportieren. Das Verbrauchsmaterial in den Produktionslägern soll mit Hilfe sogenannter Milkrunsysteme[37] ein- bis zweimal am Tag, nach Bedarf, befüllt werden. Auch die aktuellen Möglichkeiten der Ressourcenplanung und der Auslastungsanalyse zur Engpassplanung in der Produktionslogistik sollen realisiert werden. Um die Suchzeiten von Material reduzieren bzw. eliminieren zu können soll die Möglichkeit einer örtlichen Lokalisierung geschaffen werden.

Das automatische Buchen über Sensoren bzw. RFID Gates soll falsche Lagerbuchungen vermeiden und zusätzlich Lager- und Transportpapier einsparen. Über Materialleitstände soll die Produktionslogistik stets aktuelle Informationen erhalten und wissen wo welches Material benötigt wird und dadurch schnellere Reaktionszeiten ermöglichen.

Im Rahmen dieser Vision wurden kurz- und langfristige Ziele definiert, die eine bereichsübergreifende Zusammenarbeit zwischen Produktion, Logistik und IT fordert. So muss analysiert werden, welche Investitionen getätigt werden können und welche Technologien die schnellsten Ergebnisse, bezogen auf die Vision und der aktuellen Probleme, ermöglichen.

# 4 Konzept zur stufenweisen Einführung von I4.0 in der Produktionslogistik

In diesem Kapitel wird ein Konzept für das Unternehmen MUSTERCOMPANY erarbeitet. Zugleich wird eine Auswahl der potentiellen zukünftigen I4.0 Technologien, auf Basis der in Kapitel 3.1 aufgezeigten Problemfelder in der Produktionslogistik, getroffen. Die Basis dafür bilden die in Kapitel 2 beschriebenen Vorgehensmodelle und Technologien, sowie die in Kapitel 3 beschriebene aktuelle Situation des Unternehmens.

## 4.1 Erarbeitung eines I4.0 Einführungskonzeptes für die Produktionslogistik

In diesem Kapitel werden die Vorgehensmodelle aus Kapitel 2.6 miteinander verglichen und ein für den Standort optimales Konzept zur stufenweisen Einführung von Industrie 4.0 erarbeitet. Dabei wird mit Hilfe eines Paarweisen-Vergleichs die Gewichtungen der einzelnen Kriterien für die anschließende Nutzwertanalyse festgelegt. Jedes Modell wird in der Nutzwertanalyse anhand der Kriterien und der entsprechenden Gewichtung bewertet. Im Rahmen dieser Arbeit wird die Nutzwertanalyse angewendet, da diese eine qualitative Entscheidungshilfe für komplexe Problemstellungen rational darstellt und eine direkte Vergleichbarkeit der einzelnen Alternativen anhand gemeinsamer Kriterien ermöglicht.

Eine Alternativ zur Nutzwertanalyse bildet die Entscheidungsmatrix bzw. die gewichtete Entscheidungsmatrix, sowie eine Plus Minus Auflistung. Eine etwas unkonventionellere Art bildet das Pendeln. Eine weitere Methode, die zur Entscheidungshilfe angewendet werden kann, ist der Entscheidungsbaum. Diese Methoden führen jedoch zu einem rein subjektiven Ergebnis. (vgl. Graven 2015)

### 4.1.1 Kriterien für eine Nutzwertanalyse

Als KO Kriterium für die Auswahl eines Vorgehensmodells wurde vom Projektteam eine fehlende Projektstruktur bzw. fehlende Beschreibung eines Vorgehens bei einer Industrie 4.0 Einführung festgelegt. Die Anleitung soll eine schrittweise und detaillierte Vorgehensweise aufzeigen, als Unterstützung dienen und den Projektbeteiligten mit wenig Projekterfahrung die Einführungsplanung ermöglichen. Auch soll das Vorgehensmodell nicht nur die informationstechnische, sondern auch die prozessuale und organisatorische Sichtweise berücksichtigen.

Im Rahmen einer Nutzwertanalyse werden die Vorgehensmodelle auf ihre Eignung verglichen. Dazu wurde vom Projektteam ein Kriterienkatalog erstellt. Nicht alle Kriterien für die Bewertung werden als gleich wichtig angesehen. Eine Gute Methode eine geeignete Gewichtung für diese Kriterien festzulegen ist der Paarweise Vergleich. Der Paarweise Vergleich läuft wie folgt ab. In die Zeilen und Spalten werden die gleichen Kriterien eingetragen. Danach werden die Kriterien paarweise verglichen und die Wichtigkeit von zwei Kriterien untereinander definiert. Das wichtigste Kriterium bekommt die Bewertung 2, das schlechteste eine 0. Sollten beide Kriterien für das Projektteam gleich wichtig sein, so wird eine 1 vergeben. Je höher die Zeilensumme, desto wichtiger ist das Kriterium. (vgl. Melzer, A. 2015, S.110-111) Durch Ermittlung der prozentualen Verhältnisse wird eine Gewichtung (G) für die einzelnen Kriterien definiert. Diese Gewichtung wird auf die einzelnen Punkte in der Nutzwertanalyse angewendet.

*Tabelle 1: Paarweiser Vergleich*[38]

**Paarweiser Vergleich - Kriterien für die Vorgehensmodelle nach Industrie 4.0**

| bewertet \ gegenüber | Aktualität | Validierung des Models | Vermittlung Grundlagenwissen | Projektdefinition | Projektspezifisches Vorgehen | Unterstützende Dokumente | Detailtiefe des Models | Durchführung mit kleinem Projektteam | Spezialisierung auf den Bereich Produktion | Spezialisierung auf den Bereich Logistik | Definition einer schrittweisen Einführung von I4.0 Technologien in der Intralogistik | Praxisorientiert | Verständlich | Bewertung des finanziellen Risikos durch Projektvorgehen | Berücksichtigung von informationstechnologischen Veränderungen | Berücksichtigung von organisatorischen Veränderungen | Berücksichtigung von prozessualen Veränderungen | Berücksichtigung von Mitarbeiterqualifikationen | Berücksichtigung der zukünftigen Unternehmensziele | Summe | Prozent |
|---|---|---|---|---|---|---|---|---|---|---|---|---|---|---|---|---|---|---|---|---|---|
| Aktualität | | 1 | 1 | 0 | 0 | 0 | 1 | 0 | 1 | 1 | 0 | 1 | 0 | 0 | 0 | 0 | 0 | 2 | 0 | 8 | 2,34% |
| Validierung des Models | 1 | | 0 | 0 | 1 | 0 | 1 | 1 | 0 | 0 | 0 | 0 | 0 | 0 | 0 | 0 | 0 | 0 | 0 | 4 | 1,17% |
| Vermittlung Grundlagenwissen | 1 | 2 | | 0 | 1 | 0 | 0 | 0 | 0 | 0 | 0 | 0 | 0 | 0 | 0 | 0 | 0 | 0 | 0 | 4 | 1,17% |
| Projektdefinition | 2 | 2 | 2 | | 1 | 1 | 1 | 0 | 0 | 0 | 0 | 0 | 0 | 0 | 0 | 0 | 0 | 1 | 0 | 10 | 2,92% |
| Projektspezifisches Vorgehen | 2 | 1 | 1 | 1 | | 1 | 1 | 1 | 1 | 1 | 0 | 1 | 1 | 1 | 1 | 1 | 1 | 2 | 1 | 19 | 5,56% |
| Unterstützende Dokumente | 2 | 2 | 2 | 1 | 1 | | 1 | 1 | 1 | 1 | 0 | 1 | 1 | 0 | 1 | 1 | 1 | 1 | 1 | 19 | 5,56% |
| Detailtiefe des Models | 1 | 1 | 2 | 1 | 1 | 1 | | 1 | 1 | 1 | 0 | 1 | 2 | 0 | 0 | 0 | 0 | 1 | 0 | 14 | 4,09% |
| Durchführung mit kleinem Projektteam | 2 | 1 | 2 | 2 | 1 | 1 | 1 | | 1 | 1 | 0 | 2 | 2 | 1 | 0 | 0 | 0 | 1 | 0 | 18 | 5,26% |
| Spezialisierung auf den Bereich Produktion | 1 | 2 | 2 | 2 | 1 | 1 | 1 | 1 | | 1 | 0 | 2 | 2 | 0 | 0 | 0 | 0 | 1 | 0 | 17 | 4,97% |
| Spezialisierung auf den Bereich Logistik | 1 | 2 | 2 | 2 | 1 | 1 | 1 | 1 | 1 | | 0 | 2 | 2 | 0 | 0 | 0 | 0 | 1 | 0 | 17 | 4,97% |
| Definition einer schrittweisen Einführung von I4.0 Technologien in der Intralogistik | 2 | 2 | 2 | 2 | 2 | 2 | 2 | 2 | 2 | 2 | | 2 | 2 | 2 | 2 | 2 | 2 | 2 | 2 | 36 | 10,53% |
| Praxisorientiert | 1 | 2 | 2 | 2 | 1 | 1 | 1 | 0 | 0 | 0 | 0 | | 0 | 0 | 0 | 0 | 0 | 1 | 0 | 11 | 3,22% |
| Verständlich | 2 | 2 | 2 | 2 | 1 | 1 | 0 | 0 | 0 | 0 | 0 | 2 | | 0 | 0 | 0 | 0 | 0 | 0 | 12 | 3,51% |
| Bewertung des finanziellen Risikos durch Projektvorgehen | 2 | 2 | 2 | 2 | 1 | 2 | 2 | 1 | 2 | 2 | 0 | 2 | 2 | | 1 | 1 | 1 | 1 | 1 | 27 | 7,89% |
| Berücksichtigung von informationstechnologischen Veränderungen | 2 | 2 | 2 | 2 | 1 | 1 | 2 | 2 | 2 | 2 | 0 | 2 | 2 | 1 | | 1 | 1 | 1 | 1 | 27 | 7,89% |
| Berücksichtigung von organisatorischen Veränderungen | 2 | 2 | 2 | 2 | 1 | 1 | 2 | 2 | 2 | 2 | 0 | 2 | 2 | 1 | 1 | | 1 | 1 | 1 | 27 | 7,89% |
| Berücksichtigung von prozessualen Veränderungen | 2 | 2 | 2 | 2 | 1 | 1 | 2 | 2 | 2 | 2 | 0 | 2 | 2 | 1 | 1 | 1 | | 1 | 1 | 27 | 7,89% |
| Berücksichtigung von Mitarbeiterqualifikationen | 0 | 2 | 2 | 1 | 0 | 1 | 1 | 1 | 1 | 1 | 0 | 1 | 2 | 1 | 1 | 1 | 1 | | 1 | 18 | 5,26% |
| Berücksichtigung der zukünftigen Unternehmensziele | 2 | 2 | 2 | 2 | 1 | 1 | 2 | 2 | 2 | 2 | 0 | 2 | 2 | 1 | 1 | 1 | 1 | 1 | | 27 | 7,89% |
| | | | | | | | | | | | | | | | | | | | | 342 | 100% |

In Tabelle 1 sind die festgelegten Kriterien zusammengefasst. Zugleich wurde die Wichtigkeit der Kriterien von den Projektmitgliedern ermittelt. Diese fließen in die Nutzwertanalyse in Tabelle 2 mit ein.

## 4.1.2 Bewertung der Vorgehensmodelle

Für die Nutzwertanalyse wurden die einzelnen Kriterien in 5 Kategorien eingeordnet. Diese sind Quelle, Umfang, Spezialisierung, Gestaltung und die Berücksichtigung der Gesamtheit. In diesem Kapitel werden die ausgewählten Vorgehensmodelle bezüglich dieser Kategorien miteinander verglichen. Dies bildet die Basis für die

Nutzwertanalyse und die Auswahl eines geeigneten Vorgehensmodells für die Einführung von Industrie 4.0 .

Aufgrund des geringen detaillierungsgrades und einer deutlichen Ähnlichkeit des Modells von VDMA (2015) (siehe Kapitel 2.6.4) mit dem Vorgehensmodell nach Anderl et al. (2015) (siehe Kapitel 2.6.3) wird das Vorgehensmodell von VDMA (2015) nicht weiter berücksichtigt.

**Quelle:**

Die aktuellsten Vorgehensmodelle sind die von Merz (2016) und Biedermann (2016) aus dem Jahre 2016. Diese Vorgehensmodelle wurden in mehreren Anwendungsfallbeispielen validiert und sind somit praxiserprobt.

Die Vorgehensmodelle von Stark et al. (2015) und Anderl et al. (2015) sind aus dem Jahre 2015. Das Vorgehensmodell nach Anderl et al. (2015) wurde in Fallbeispielen praxiserprobt. Das von Stark et al. (2015) liefert lediglich Anhaltspunkte zu Beispielen, jedoch liegt keine Validierung im Ganzen vor. Das Vorgehensmodell nach Bauernhansl (2014) ist aus dem Jahre 2014 und ist somit das älteste, der im Rahmen dieser Arbeit erwähnten Modelle. Es werden Anhaltspunkte zu Beispielen aufgezeigt, jedoch liegt keine Validierung im Ganzen vor. Durch den geringen Zeitunterschied können alle Modelle als aktuell angesehen werden.

**Umfang:**

Das Vorgehensmodell nach Merz (2016) ist das umfangreichste Modell und ist ein Teil des Fachbuches *Einführung und Umsetzung von Industrie 4.0 von Armin Roth (Hrsg., 2016)*. Auf 22 Seiten wird das Modell schrittweise erläutert und mit Fallbeispielen ergänzt. Dabei konzentriert sich das Modell hauptsächlich auf die Ausrichtung und Ziele des Unternehmens in Richtung Industrie 4.0. Mit einer projektspezifischen Vorgehensweise und einem detaillierten Modell wird der Grundstein für eine weitere Einführung in jeglichen Bereichen eines Unternehmens technologisch, organisatorisch, prozessual und visionär gelegt. Auch die Interessen des Mitarbeiters werden in dem Modell berücksichtigt.

Das Vorgehensmodell nach Anderl et al. (2015) wird in einem Leitfaden auf 20 Seiten beschrieben und erläutert. Dabei unterstützt ein sogenannter Werkzeugkasten bei der I4.0-Analyse des Unternehmens. Mit dessen Hilfe kann die aktuelle Situation eigeschätzt und eine Zielrichtung definiert werden. Der nächste technologische Schritt ist von den aufgezeigten Schwachstellen abhängig. Zudem sind im Modell Methoden enthalten, die im Rahmen des Projektes zur Ideenfindung angewendet werden können. Das Vorgehensmodell beinhaltet eine projektspezifische Vorgehensweise und weist einen hohen Detaillierungsgrad auf, sodass es auch von einem unerfahrenen Mitarbeiter angewendet werden kann.

Das Vorgehensmodell nach Biedermann (2016) ist ein Teil des Fachbuches *Industrial Engineering und Management von Hubert Biedermann (Hrsg., 2016)* und wird auf 6 Seiten näher erläutert. Dieses Vorgehensmodell wurde im Rahmen mehrerer Workshops erstellt und wird als methodisches Rahmenwerk bei der Vision und Strategieentwicklung herangezogen. Es definiert ein projektspezifisches Vorgehen, ist jedoch nicht so detailliert erläutert wie das Modell von Merz (2016). Im Fachbuch sind unterstützende Hinweise enthalten, die bei der Einführung hilfreich erscheinen. Jedoch ist der Anwender des Modells auf spezifische Fachliteratur angewiesen.

Das Vorgehensmodell nach Stark et al (2015) wurde in der Zeitschrift ZWF veröffentlicht und auf einer Seite kurz dargestellt. Dabei steht die schrittweise Implementierung des Informationsmanagements auf dem Weg zur Industrie 4.0 im Vordergrund. Es ist keine Projektdefinition vorgesehen. Auch die projektspezifische Vorgehensweise ist nur schwer erkennbar. Bei einer Einführung nach dem Modell muss zusätzlich spezifische Fachliteratur angewendet werden.

Das Vorgehensmodell nach Bauernhansl (2014) wird im Fachbuch *Industrie 4.0 in Produktion, Automatisierung und Logistik (Thomas Bauernhansl, Michael ten Hompel und Birgit Vogel-Heuser (Hrsg.), 2014)* auf 4 Seiten erläutert. Das Modell ist mit 7 Schritten sehr detailliert und bietet eine projektspezifische Vorgehensweise von der Informationsfindung bis hin zum Rollout über das gesamte Unternehmen. Das Modell von Merz (2016) berücksichtigt jedoch einen größeren Umfang an Kriterien und wird zudem mit Praxisbeispielen erläutert. Dadurch werden im Modell nach Merz (2016) auch mehr Grundlagen vermittelt.

**Spezialisierung:**

Das Modell nach Biedermann (2016) ist sehr allgemein gehalten. Es findet keine Berücksichtigung der Anforderungen von Logistik- und Produktionsprozessen statt. Der Fokus liegt auf den Produkteigenschaften, die zu den benötigten Fertigungs- und Informationsorganisationen und den benötigten Technologien führen, die den Kundennutzen im Wertstrom erfüllen.

Das Vorgehensmodell nach Stark et al (2015) zeigt auf, welche Datenaktivitäten im Informationsmanagement durchgeführt werden sollen und welcher Weg eingeschlagen werden muss um das Informationsmanagement in Richtung I4.0 ermöglichen zu können. Dabei liegt die Spezialisierung mehr auf der Informationstechnologie als auf dem Produktions- und Logistikumfeld.

Die Modelle von Merz (2016) und Bauernhansl (2014) berücksichtigen die gesamte Unternehmenslandschaft und somit auch die Bereiche Produktion und Logistik. Jedoch wird im Modell von Anderl et al. (2015) explizit ein Werkzeugkasten für diese Bereiche definiert, womit eine Analyse der Ist-Situation vereinfacht wird.

**Gestaltung:**

Alle Modelle, bis auf Stark et al. (2015), sind in Zusammenarbeit mit wissenschaftlichen Einrichtungen und Unternehmen erarbeitet worden und sind demzufolge praxiserprobt. Merz (2016) beschreibt ein Praxisbeispiel im Vorgehensmodell im Detail, sodass eine Anwendung auf dieser Basis vereinfacht wird. Auch werden Risiken zu Beginn der Projektphase berücksichtigt und bewertet. Bauernhansl (2014) bewertet die Risiken auf das Gesamtunternehmen vor dem Rollout, sowohl in der Vorprojektphase als auch nach dem Pilotprojekt. Stark et al. (2015) führt keinerlei Risikoanalysen durch, zeigt jedoch die Veränderungen verständlich auf. Biedermann (2016) und Anderl et al. (2015) haben eine strukturierte Vorgehensweise, bewerten das Risiko jedoch im Projekt nur kurz vor der Umsetzung und führen keinerlei Pilotprojekte durch.

**Berücksichtigung der Gesamtheit:**

Stark et al. (2015) berücksichtigt hauptsächlich den informationstechnologischen Aspekt und lässt die organisatorischen und prozessualen Veränderungen nahezu unberücksichtigt. Der Faktor Mitarbeiter wird überhaupt nicht berücksichtigt. Merz (2016) gibt im Vorgehensmodell Hinweise sich mit allen Veränderungen im Unternehmen zu beschäftigen und behandelt alle Veränderungen gleichermaßen. Es werden jedoch keine Ansatzpunkte aufgezeigt, die eine richtige Richtung zu Industrie 4.0 vorgeben. Bei Bauernhansl (2014) und Biedermann (2016) wird die Mitarbeiterqualifizierung für eine prozessuale Veränderung berücksichtigt ebenso wie organisatorische Änderungen. Was alle Modelle, außer Stark et al. (2015), berücksichtigen, ist die Vision des Unternehmens und dessen Ziele.

### 4.1.3 Auswahl eines Vorgehensmodells

Aus der beschriebenen Bewertung der Vorgehensmodelle ergeben sich die Punkte für die einzelnen Kriterien der Nutzwertanalyse. Dabei werden 10 Punkte als Maximum und 0 Punkte als Minimum pro Kriterium vergeben. Diese sind in der folgenden Tabelle 2 im Rahmen einer Projektstandsitzung erörtert und definiert worden.

*Tabelle 2: Nutzwertanalyse der Vorgehensmodelle*[39]

| Nr. | Kriterien | G | Stark et al. (2015) | | Merz (2016) | | Anderl et al. (2015) | | Biedermann (2016) | | Bauernhansl (2014) | |
|---|---|---|---|---|---|---|---|---|---|---|---|---|
| | | | P | PxG | P | PxG | P | PxG | P | PxG | P | PxG |
| **1** | **Quelle** | | | | | | | | | | | |
| 1.1 | Aktualität | 2.34% | 8 | 0.187 | 10 | 0.234 | 8 | 0.187 | 10 | 0.234 | 6 | 0.140 |
| 1.2 | Validierung des Modells | 1.17% | 5 | 0.058 | 10 | 0.117 | 10 | 0.117 | 10 | 0.117 | 7 | 0.082 |
| **2** | **Umfang** | | | | | | | | | | | |
| 2.1 | Vermittlung Grundlagenwissen | 1.17% | 5 | 0.058 | 10 | 0.117 | 8 | 0.094 | 5 | 0.058 | 7 | 0.082 |
| 2.2 | Projektdefinition | 2.92% | 0 | 0.000 | 10 | 0.292 | 7 | 0.206 | 6 | 0.175 | 8 | 0.234 |
| 2.3 | Projektspezifisches Vorgehen | 5.56% | 2 | 0.111 | 10 | 0.556 | 9 | 0.500 | 7 | 0.388 | 10 | 0.556 |
| 2.4 | Unterstützende Dokumente | 5.56% | 2 | 0.111 | 8 | 0.444 | 6 | 0.333 | 7 | 0.388 | 8 | 0.444 |
| 2.5 | Detailtiefe des Modells | 4.09% | 3 | 0.123 | 10 | 0.409 | 9 | 0.368 | 5 | 0.205 | 10 | 0.409 |
| 2.6 | Durchführung mit kleinem Projektteam | 5.26% | 5 | 0.263 | 8 | 0.421 | 8 | 0.421 | 6 | 0.314 | 8 | 0.421 |
| **3** | **Spezialisierung** | | | | | | | | | | | |
| 3.1 | Spezialisierung auf den Bereich Produktion | 4.87% | 1 | 0.050 | 5 | 0.246 | 9 | 0.441 | 2 | 0.000 | 5 | 0.246 |
| 3.2 | Spezialisierung auf den Bereich Logistik | 4.87% | 0 | 0.000 | 5 | 0.246 | 9 | 0.441 | 0 | 0.000 | 5 | 0.246 |
| 3.3 | Definition einer schrittweisen Einführung von I4.0-Technologien in die Intralogistik | 10.53% | 2 | 0.211 | 0 | 0.000 | 5 | 0.526 | 0 | 0.000 | 0 | 0.000 |
| **4** | **Gestaltung** | | | | | | | | | | | |
| 4.1 | Praxisorientiert | 3.22% | 6 | 0.193 | 10 | 0.322 | 10 | 0.322 | 8 | 0.257 | 10 | 0.322 |
| 4.2 | Verständlich | 3.51% | 8 | 0.281 | 10 | 0.351 | 10 | 0.351 | 8 | 0.281 | 10 | 0.351 |
| 4.3 | Berücksichtigung der finanziellen Risiken durch Projektvorgehen | 7.89% | 0 | 0.000 | 6 | 0.474 | 6 | 0.474 | 9 | 0.711 | 10 | 0.789 |
| **5** | **Berücksichtigung der Gesamtheit** | | | | | | | | | | | |
| 5.1 | Berücksichtigung von informationstechnologischen Veränderungen | 7.89% | 10 | 0.789 | 9 | 0.711 | 9 | 0.711 | 8 | 0.632 | 8 | 0.632 |
| 5.2 | Berücksichtigung von organisatorischen Veränderungen | 7.89% | 3 | 0.237 | 9 | 0.711 | 5 | 0.386 | 8 | 0.632 | 6 | 0.474 |
| 5.3 | Berücksichtigung von prozessualen Veränderungen | 7.89% | 3 | 0.237 | 9 | 0.711 | 8 | 0.632 | 8 | 0.632 | 8 | 0.632 |
| 5.4 | Berücksichtigung von Mitarbeiterqualifikationen | 5.26% | 0 | 0.000 | 9 | 0.474 | 8 | 0.421 | 5 | 0.263 | 7 | 0.368 |
| 5.5 | Berücksichtigung der zukünftigen Unternehmensziele | 7.89% | 5 | 0.395 | 10 | 0.789 | 10 | 0.789 | 10 | 0.789 | 10 | 0.789 |
| | | | | **3,304** | | **7,629** | | **7,740** | | **6,178** | | **7,222** |

Aus der Nutzwertanalyse ist ersichtlich, dass die Vorgehensmodelle von Anderl et al. (2015), Merz (2016) und Bauernhansl (2014) in der erreichten Gesamtpunktzahl sehr nah aneinander liegen. Daher wird für die stufenweise Einführung von Industrie 4.0 eine Mischung aus den genannten Modellen angewendet, da alle drei Modelle Stärken und Schwächen aufweisen. So sollen die Stärken in ein neues Gesamtmodell integriert und dadurch ein optimiertes Modell geschaffen werden.

Anderl et al (2015) hat sich auf den Werkzeugkasten für die Produktion und Logistik spezialisiert. Da das Modell mit Beginn der Umsetzungsphase endet, weist es Schwächen im Bereich der Projektdefinition und der Technologieeinführung auf.

Die Stärken von Merz (2016) sind die strukturierte Vorgehensweise, die Betrachtung der gesamtheitlichen Veränderungen in einem Unternehmen sowie die Erarbeitung der Vision und Zielrichtung zu Industrie 4.0. Das anschließende Projektmanagement rundet das Modell ab.

Bauernhansl (2014) berücksichtigt die Risiken in der Vorphase und führt ein Pilotprojekt mit anschließender Risikobetrachtung bzw.

Kosten-Nutzen-Betrachtung durch, bevor ein unternehmensweites Rollout stattfindet.

Aus diesen Gründen und aus den bereits im Laufe des Kapitels bewerteten Kriterien eignen sich diese Vorgehensmodelle am besten für eine stufenweise Einführung von Industrie 4.0 in der Produktionslogistik für das Unternehmen MUSTERCOMPANY.

Die Stärken der oben erwähnten Modelle wurden in dem folgenden Modell (Abbildung 26) integriert.[40] Dieses soll als neues optimiertes Vorgehensmodell zur Einführung von Industrie 4.0 in der Produktionslogistik dienen und wird im weiteren Verlauf (Kapitel 5) angewendet.

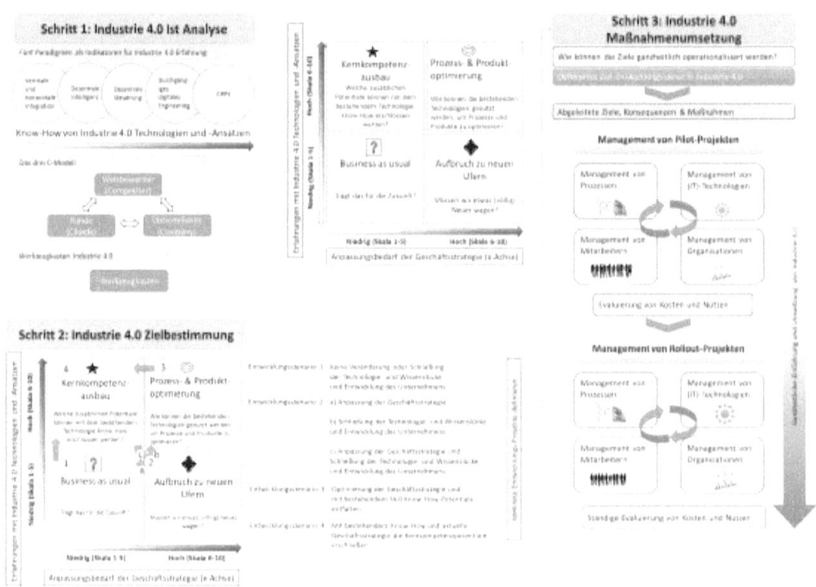

*Abbildung 26: Vorgehensmodell Einführung I4.0 in der Produktionslogistik*[41]

## 4.2 Methoden zur Kosten und Nutzen Berechnung

Im Rahmen des ausgewählten Vorgehensmodells werden Kosten und Nutzenberechnungen durchgeführt. Um ein Kosten und Nutzenwert zu errechnen, können unterschiedliche Berechnungsmethoden angewendet werden. Folgend werden ein paar relevante Methoden kurz erläutert.[42]

### 4.2.1 Kapitalwertmethode

Der Kapitalwert (KW) ist die Summe aller auf einen Zeitpunkt ab- bzw. aufgezinsten Aus- und Einzahlungen, welche bei der Umsetzung eines Investitionsvorhabens verursacht werden. Eine Investition ist absolut vorteilhaft, wenn der Kapitalwert größer Null beträgt. (vgl. Götze, U. 2014, S.78)

Der Kapitalwert lässt sich wie folgt berechnen: (vgl. Götze, U. 2014, S.79; Günthner, A. W. und Fruth, A. 2011a, S.52 f.)

$$KW = \sum_{t=0}^{T} (e_t - a_t) * q^{-t} \quad\quad KW_0 = -A_0 + \sum_{t=1}^{T} (e_t - a_t) * (1 + i)^{-t}$$

$KW_0$ = Kapitalwert zum Zeitpunkt 0

T = letzter Zeitpunkt, in dem Zahlungen anfallen

$e_t$ = Einzahlung im Zeitpunkt t

$a_t$ = Auszahlung im Zeitpunkt t

$q^{-t}$ = Abzinsungsfaktor für den Zeitpunkt t

t = Zeitindex

$A_0$ = Anschaffungsauszahlung (alle Kosten, die für die Beschaffung und Implementierung des WLAN- Systems zum Zeitpunkt Null nötig sind)

i = Kalkulationszinssatz

## 4.2.2 Interne Zinssatzmethode

Die interne Zinssatzmethode basiert auf der Kapitalwertmethode. Die Unterschiede liegen in der Modifizierung bzgl. der Reinvestition freiwerdender Mittel innerhalb der Nutzungsdauer und der Zielgröße. Der interne Zinssatz ist der Zinssatz, der zu einem Kapitalwert von Null führt.

Eine Investition ist absolut vorteilhaft, wenn dieser Zinssatz größer als der Kalkulationsinssatz ist. (vgl. Götze, U. 2014, S.103 f.)

## 4.2.3 Dynamische Amortisationsdauer

Durch Berechnung der dynamischen Amortisationsdauer wird auf Basis der Kapitalwertmethode die Amortisationszeit bestimmt. Es handelt sich dabei um den Zeitraum, der für das Wiedergewinnen des eingesetzten Kapitals für eine Investition aus den Einzahlungsüberschüssen des Objekts benötigt wird. Liegt die Amortisationszeit unterhalb dem vom Unternehmen vorgegebenen Grenzwert, ist die Investition absolut vorteilhaft. Die Amortisationszeit (AZ) wird wie folgt näherungsweise berechnet: (vgl. Götze, U. 2014, S.114-116; Günthner, A. W. und Fruth, A. 2011a, S.55f.)

$$AZ \approx t^* + KW_{tx} * (KW_{tx} - KW_{tx+1})^{-1}$$

AZ = Amortisationszeit

t = Zeitindex

tx = Periode, in der letztmalig ein negativer kumulierter Kapitalwert auftritt

$KW_{tx}$ = letzter negativer Kapitalwert zum Zeitpunkt tx

$KW_{tx+1}$ = erster positiver Kapitalwert zum Zeitpunkt tx+1

Die Betrachtung der Amortisationsdauer wird als Ergänzung zur Kapitalwertmethode gesehen, da die Einzahlungsüberschüsse nach der Amortisationszeit nicht weiter betrachtet werden.

## 4.3 Technologieauswahl für die zukünftige Produktionslogistik

Für die Anwendung des in Kapitel 4.1.3 festgelegten Vorgehensmodells wird zuvor eine generelle und allgemein gültige Herangehensweise zur Technologieauswahl definiert.

Abgeleitet aus den vorherigen Kapiteln wird zu Beginn ein Team aus internen Spezialisten aus unterschiedlichen Bereichen zusammengestellt, die sich mit dem Thema Industrie 4.0 in der Produktionslogistik auseinandergesetzt oder bereits erste Projekte in dem erwähnten Bereich realisiert haben. Falls sich kein Spezialist im Unternehmen befindet muss externe Unterstützung angefordert werden.

Im Rahmen dieses Teams werden in einem Workshop unterschiedliche Methoden (z.B. One Page, Free Brainstorming, Leaf Hopper, Pin The Tail On The Donkey, Concentration)[43] zur Ideen Generierung, Bewertung, Reduzierung und Auswahl der finalen Ideen angewendet. Die aktuellen Problematiken[44] in der Produktionslogistik werden gesammelt, sowie kategorisiert, reduziert und bewertet. Zudem muss die zukünftige Vision[45] in Richtung Industrie 4.0 mit kurz-, mittel- bzw. langfristigen Zielen mit diesen Methoden erarbeitet werden. Ziele des Workshops sind aktuell bekannte Technologien zu sammeln und Informationen über potentielle Einsatzmöglichkeiten dieser Technologien einzuholen. Durch den Einsatz von IT-Software kann der kollaborative Prozess im Workshop unterstützt werden. Zum Beispiel durch die Software Thinktank[46]. Nachdem die 5-10 wichtigsten Problemfelder definiert und eine Einigkeit im Team erzielt wurde, kann die Problemfeld-Lösungsmatrix definiert, und somit die Technologieauswahl zur Problembehebung analysiert und getroffen werden.

Bei der Aufstellung der Problemfeld-Lösungsmatrix werden zu Beginn alle Technologien, die im Rahmen des Workshops für einen möglichen Einsatz im Unternehmen erarbeitet wurden, in einer Wirkungsmatrix zur Analyse eingetragen (Nr.1 in Abbildung 27) und anschließend in Abhängigkeit zueinander (Nr.2 in Abbildung 27) gestellt.

**Technologie-Abhängigkeiten**

Primärtechnologie / Sekundärtechnologie

| Primärtechnologie \ Sekundärtechnologie | Lean-Management (5S, Poka-Yoka, Visual Management etc.) | Internet | ERP | MDE | BDE | QMS | Wireless | MES | Business Dashboard | Mobile Geräte | Auto-ID | E-Kanban | Sensortechnologie | E-Label | Warehousemanagement | Materialflussharmonisierung | Routenverwaltung | Ortung | IoT | Fahrerlose Transportsysteme | Anzahl benötigter Sekundärtechnologien |
|---|---|---|---|---|---|---|---|---|---|---|---|---|---|---|---|---|---|---|---|---|---|
| Lean-Management (5S, Poka-Yoka, Visual Management etc.) | | 0 | 0 | 0 | 0 | 0 | 0 | 0 | 0 | 0 | 0 | 0 | 0 | 0 | 0 | 0 | 0 | 0 | 0 | 0 | 0 |
| Internet | 0 | | 0 | 0 | 0 | 0 | 0 | 0 | 0 | 0 | 0 | 0 | 0 | 0 | 0 | 0 | 0 | 0 | 0 | 0 | 0 |
| ERP | 0 | 1 | | 0 | 0 | 0 | 0 | 0 | 0 | 0 | 0 | 0 | 0 | 0 | 0 | 0 | 0 | 0 | 0 | 0 | 1 |
| MDE | 0 | 1 | 1 | | 0 | 0 | 0 | 1 | 0 | 0 | 0 | 0 | 0 | 0 | 0 | 0 | 0 | 0 | 0 | 0 | 3 |
| BDE | 0 | 1 | 1 | 0 | | 0 | 0 | 1 | 0 | 0 | 0 | 0 | 0 | 0 | 0 | 0 | 0 | 0 | 0 | 0 | 3 |
| QMS | 0 | 1 | 1 | 0 | 0 | | 0 | 0 | 0 | 0 | 0 | 0 | 0 | 0 | 0 | 0 | 0 | 0 | 0 | 0 | 2 |
| Wireless | 0 | 1 | 0 | 0 | 0 | 0 | | 0 | 0 | 0 | 0 | 0 | 0 | 0 | 0 | 0 | 0 | 0 | 0 | 0 | 1 |
| MES | 0 | 1 | 1 | 0 | 0 | 0 | 0 | | 0 | 0 | 0 | 0 | 0 | 0 | 0 | 0 | 0 | 0 | 0 | 0 | 2 |
| Business Dashboard | 0 | 1 | 1 | 1 | 1 | 1 | 0 | 1 | | 0 | 0 | 0 | 0 | 0 | 0 | 0 | 0 | 0 | 0 | 0 | 6 |
| Mobile Geräte | 0 | 1 | 1 | 0 | 0 | 0 | 1 | 0 | 0 | | 0 | 0 | 0 | 0 | 0 | 0 | 0 | 0 | 0 | 0 | 3 |
| Auto-ID | 0 | 1 | 1 | 0 | 0 | 0 | 1 | 0 | 0 | 0 | | 0 | 0 | 0 | 0 | 0 | 0 | 0 | 0 | 0 | 3 |
| E-Kanban | 0 | 1 | 1 | 0 | 0 | 0 | 0 | 1 | 1 | 0 | 0 | | 0 | 0 | 0 | 0 | 0 | 0 | 0 | 0 | 4 |
| Sensortechnologie | 0 | 1 | 1 | 0 | 0 | 0 | 1 | 0 | 0 | 1 | 0 | 0 | | 0 | 0 | 0 | 0 | 0 | 0 | 0 | 4 |
| E-Label | 0 | 1 | 1 | 0 | 0 | 0 | 1 | 0 | 0 | 0 | 0 | 0 | 1 | | 1 | 0 | 0 | 0 | 0 | 0 | 5 |
| Warehousemanagement | 0 | 1 | 0 | 0 | 0 | 0 | 0 | 0 | 0 | 0 | 0 | 0 | 0 | 0 | | 0 | 0 | 0 | 0 | 0 | 1 |
| Materialflussharmonisierung | 0 | 0 | 1 | 0 | 1 | 0 | 0 | 1 | 0 | 0 | 0 | 0 | 0 | 0 | 1 | | 0 | 0 | 0 | 0 | 4 |
| Routenverwaltung | 0 | 1 | 1 | 0 | 0 | 0 | 1 | 0 | 0 | 0 | 0 | 0 | 0 | 0 | 0 | 0 | | 0 | 0 | 0 | 3 |
| Ortung | 0 | 1 | 1 | 0 | 0 | 0 | 1 | 0 | 0 | 0 | 1 | 0 | 1 | 0 | 1 | 0 | 0 | | 0 | 0 | 6 |
| IoT | 0 | 1 | 0 | 0 | 0 | 0 | 0 | 0 | 0 | 0 | 0 | 0 | 0 | 0 | 0 | 0 | 0 | 0 | | 0 | 1 |
| Fahrerlose Transportsysteme | 0 | 1 | 1 | 0 | 0 | 0 | 1 | 0 | 0 | 0 | 0 | 0 | 1 | 0 | 1 | 0 | 1 | 1 | 1 | | 8 |
| Anzahl der Primärtechnologien die von der Sekundärtechnologie abhängig sind | 0 | 17 | 14 | 1 | 2 | 1 | 7 | 5 | 1 | 1 | 1 | 0 | 3 | 0 | 4 | 0 | 1 | 1 | 1 | 0 | |

Nr.1 — Ist abhängig von — Nr.2

*Abbildung 27: Wirkungsmatrix der Technologien für Industrie 4.0*[47]

Die Abhängigkeit bedeutet, dass die Sekundärtechnologie zuvor eingeführt werden muss, um einen Nutzen von der Primärtechnologie erzielen zu können. Die Anzahl der gelisteten Technologien kann variieren und mit neuen aufkommenden Technologien ergänzt bzw. erweitert werden. Um die Abhängigkeit analysieren zu können wird die Wirkungsmatrix angewendet. Diese ist eine einfache Methode um Zusammenhänge abbildbar machen zu können. bedarf diese Methode keiner extra Unterweisung. Die Sekundärtechnologien, die benötigt werden um eine bestimmte Primärtechnologie einzuführen, bekommen einen Wert Eins. Alle anderen Kombinationen erhalten einen Wert Null.

Als Ergebnis entsteht ein Überblick, welche primär bevorzugte Technologie die meisten Abhängigkeiten zu mehreren sekundären Technologien besitzt und somit schwieriger einzuführen ist. Auch wird ersichtlich, welche Sekundärtechnologie die meisten Primärtechnologien abdeckt und daher wichtig für eine zukünftige Einführung wäre. In Abbildung 27 wird Lean-Management als Technologie aufgeführt, dies stellt jedoch real keine Technologie für Industrie 4.0 dar. Im Projektworkshop wurde dies als wichtiger Punkt zur Realisierung eines Unternehmensstandards angesehen und somit ebenfalls aufgelistet. Lean-Management stellt keinerlei Abhängigkeiten zu anderen Technologien dar. Dies bedeutet, es kann vollkommen autark und ohne großer anderweitiger Technologieeinführung sofort eingeführt bzw. umgesetzt werden.

Alternativ zur Wirkungsmatrix kann auch das *House of Quality*[48] in abgewandelter Form angewendet werden, um die Abhängigkeiten gegenüberstellen zu können. Die Wirkungsmatrix stellt jedoch eine einfachere und für diese Thematik ausreichende Methode dar.

Als nächster Schritt werden alle definierten Probleme im Produktionslogistikbereich untereinandergestellt (ohne Rangfolge). Danach werden die Problemfelder den Technologien, mit denen dieses Problem gelöst werden könnte, mit einem Wert 1 in der Tabellenspalte zugeordnet. Alle anderen Felder bleiben leer (Nr.3 in Abbildung 28).

Im unteren Bereich (Nr.4 in Abbildung 28) werden die hinterlegten Werte aufsummiert um die potentielle Technologie, welche die meisten Probleme abdeckt, zu erhalten. Diese Methode kann alternativ durch eine Checkliste ersetzt werden.

Die Technologien (primär) im Bereich Nr.1 sind Abhängig von den Technologien (sekundär) in Bereich Nr.2. So ist zum Beispiel der Betrieb eines ERP System nur in Verbindung mit einem Internet- bzw. Netzwerkanschluss möglich. Das gleiche gilt für den Einsatz von

Wireless. Strebt ein Unternehmen den Einsatz von mobilen Geräten an, so wird dies nur anwendbar sein, wenn die entsprechende Infrastruktur (Internet, ERP, Wireless) vorhanden ist.

Die gelben Felder in Abbildung 28 sind Schnittpunkte der primären (Lösungstechnologie) und sekundären (zusätzlich benötigten) Technologie und definieren somit die Abhängigkeit untereinander. Diese Sekundär-Technologien gilt es ebenfalls einzuführen um die primäre Lösungstechnologie einsetzen zu können. Die Technologie mit dem größten Wert im unteren Bereich (Nr. 4 in Abbildung 28) ist diejenige, die im Unternehmen die akzeptierteste Lösung herbeiführt. Das Management muss anschließend entscheiden ob diese Technologie zu gegebenen Zeitpunkt erwünscht ist und welche Philosophie bzw. Vision zukünftig anzustreben ist. Dabei handelt es sich um eine Grundsatzentscheidung, die auch von der wirtschaftlichen Betrachtungsweise zu berücksichtigen ist. Auch muss veranschaulicht werden, ob eine Backuplösung existieren muss, falls die primäre Technologie eine Fehlfunktion ausweist.

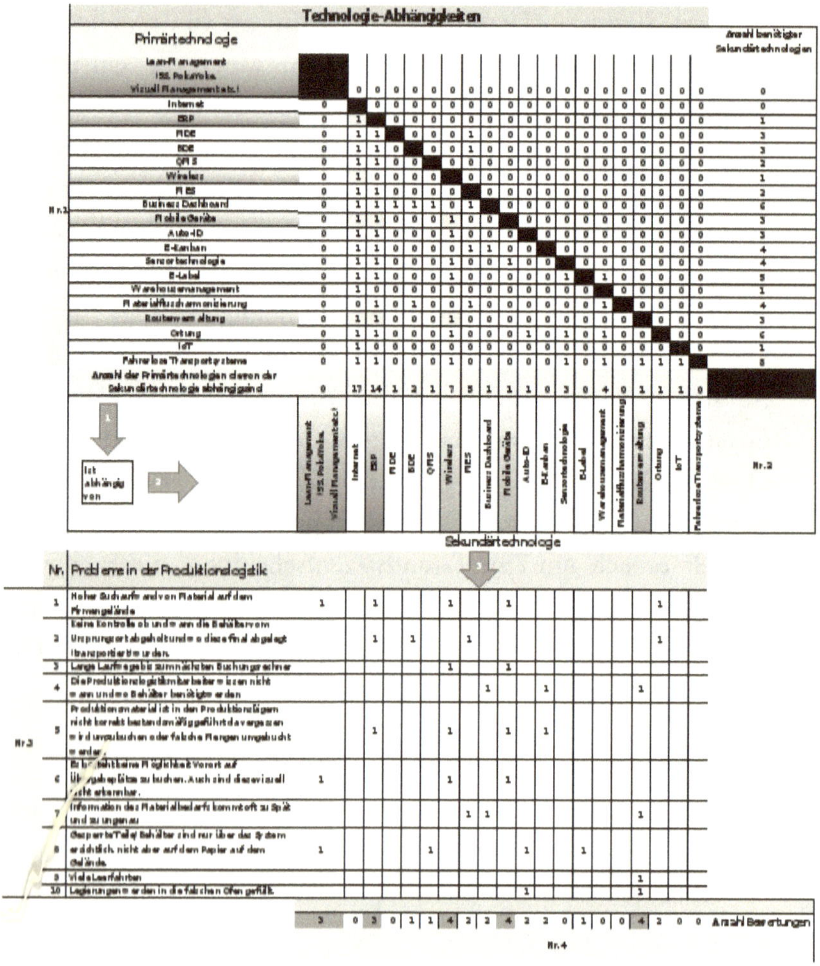

*Abbildung 28: Problemfeld-Lösungsmatrix[49]*

Darauf aufbauend können technologische Lösungen eingeführt werden, die für das Unternehmen wirtschaftlich vertretbar sind und den schnellst möglichen Nutzen erzielen. Die Problemfeld-Lösungsmatrix (siehe Abbildung 28), die aus Kundensicht für die vorherrschende Problematik gültig ist, kann unternehmensübergreifend andere Probleminhalte oder Technologien beinhalten und ist universal anwendbar. Die bevorzugten Technologien im Unternehmen MUSTERCOMPANY für die

Problembewältigung in der Produktionslogistik wurden mit jeweils 4 Punkten bewertet. Diese sind Wireless, mobile Geräte und Routenverwaltung/Staplerleitsystem.

Über die Wireless-Technologie, in Kombination mit den mobilen Geräten, soll die Möglichkeit geschaffen werden, an jedem Ort auf dem Firmengelände eine mobile Buchung durchführen zu können. Auch sollen dadurch die Laufwege der Mitarbeiter verkürzt und das Buchungsverhalten verbessert werden.

Über das Staplerleitsystem sollen die Mitarbeiter in der Produktionslogistik zeitnah Informationen erhalten wo und wann welches Material oder Leergut benötigt wird. So soll die Arbeitszeit optimaler genutzt und die Leerfahrten reduziert werden.

Ebenfalls wird das Qualitätswesen durch zeitnahe Eingaben in mobilen Geräten, die Informationen an das QMS übertragen, vor Ort unterstützt und damit das Problem 8 im Problemkatalog (siehe Abbildung 28) reduziert. Sofern die Informationen nicht in elektronischer Form (RFID) am Behälter vorliegen, müssen die Behälter mit Labels farblich (Rot = gesperrt) gekennzeichnet werden.

Weiter soll die Funktionalität des ERP Systems in Bereich Logistik und Materialplanung für Einkaufs- und Produktionsmaterial, sowie der aktuelle Lean Gedanke nach Lean Six Sigma weiter ausgebaut und diverse Lean-Projekte umgesetzt werden. Dies soll zu einem optimaleren visuellen Management führen und den Suchaufwand in Kombination mit der zeitnahen Buchung deutlich reduzieren.

Um alle Primär-Technologien einführen zu können werden nach der Abhängigkeitsanalyse diverse Sekundär-Technologien vorab benötigt, wie:

- Internet bzw. Netzwerk für die Anwendung von Wireless, mobilen Geräten und Routenverwaltung
- ERP-System für die Anwendung von mobilen Geräten und Routenverwaltung

- Wireless für die Anwendung von mobilen Geräten und Routenverwaltung

wurde das Netzwerk und die Anbindung an das Internet bereits im Jahre 2015 auf den, bis dato, aktuellsten Stand optimiert.

Auch konnte das seit 2011 angewendete ERP System Oracle R12 im Jahr 2015 mit den noch fehlenden Modulen im Fertigungsbereich, Lagerbereich, Auftragswesen und dem Finanzwesen auf die Version 12.1.2 erweitert werden. Damit wurde eine bereichsübergreifende Datenverarbeitung und Datensammlung sowie deren Auswertbarkeit ermöglicht. Dies war bis zu diesem Zeitpunkt nur bedingt gegeben.

# 5 Phasenweise Anwendung des Konzeptes in der Produktionslogistik

In diesem Kapitel wird das in Kapitel 4.1.3 erarbeitete Vorgehensmodell mit den in Kapitel 4.3 definierten primären Technologien phasenweise, auf das Unternehmen MUSTERCOMPANY, angewendet.

## 5.1 Stufenweise Einführung von Industrie 4.0 – Schritt 1

Das Modell beginnt mit der Analyse der aktuellen Situation in der Produktionslogistik und der Abschätzung der Erfahrung mit Industrie 4.0 im eigenen Unternehmen. So werden der Werkzeugkasten, das 3C-Modell und die fünf Paradigmen im Vordergrund stehen um die eigenen Erfahrungen mit Industrie 4.0 im Bereich der Produktionslogistik festhalten zu können. (vgl. Abbildung 26)

### 5.1.1 Anwendung des 3C-Modells in der Produktionslogistik

**Analyse der Wettbewerber-Rolle (C1-Analyse):**

Aktuell lassen sich zwei Hauptwettbewerber des Standortes identifizieren, die sich jeweils auf ähnliche Produktsegmente konzentrieren. Die Erkenntnisse der Wettbewerber-Analyse sind nachfolgend in Abbildung 29 zusammengefasst.

| Analyse der Wettbewerber-Rolle (C1-Analyse) | | | |
|---|---|---|---|
| **Industrie 4.0 Wettbewerberrolle** | **Wettbewerber A** Segment 1 | **Wettbewerber B** Segment 2 | **Welche Wettbewerber Rolle ist für das Unternehmen selbst am geeignetsten** |
| Pionier | Ja | Ja | Ja |
| Imitator | Nein | Nein | Nein |
| Nischer | Evtl. | Nein | Nein |
| Kooperator | Nein | Ja | Ja (wenn möglich) |
| Wie stark berücksichtigt die bestehende Unternehmensstrategie die gewählte Wettbewerber-Rolle bereits? Begründung | | | |
| Mittelmäßig: Bislang keine Kooperationen. Der Ausbau von neuen IT-Technologien wird bereits angestrebt. | | | |
| Wie hoch ist der Anpassungsbedarf der Geschäftsstrategie hinsichtlich der Wettbewerber-Rolle? Auf einer Skala von 1 (=keinerlei Anpassung notwendig) bis 10 (=komplette Neuausrichtung erforderlich) | | | |
| Punkte | 3 | | |
| Begründung Das Unternehmen hat mit Blick auf die Konkurrenz einen gleichwertigen Bedarf seine Geschäftsstrategie in Bezug auf Industrie 4.0 anzupassen. Das Unternehmen zeigt bereits eine Affinität zu neuen Technologien auf. Der Einsatz diverser Technologien befinden sich aktuell in der Erprobungsphase. | | | |

*Abbildung 29: Ergebnistabelle: Wettbewerber-Analyse*

**Wettbewerber A**, mit Fokus auf Segment1 (Produkt XY), lässt sich aufgrund vorliegender Informationen als Pionier im Hinblick auf Industrie 4.0 einordnen. Er investierte Ende 2015 rund 20 Millionen Euro in eine hochmoderne Fertigung. Ob er als Technologievorreiter agiert kann zu gegebenen Zeitpunkt nicht festgestellt werden. Aufgrund der Bestrebungen in innovativen Bereichen im Druckguss und dessen globaler Präsenz ist eine starke Tendenz zum Nischer gegeben.

**Wettbewerber B**, mit Fokus auf Segment 2 (Produkt YZ), lässt sich aufgrund vorliegender Informationen ebenfalls als Pionier im Hinblick auf Industrie 4.0 einordnen. Simulationswerkzeuge vom Produkt bis zur Fertigung sowie moderne Logistiktechnologien sind bereits im Einsatz. Eine Technologievorreiterrolle lässt sich nicht eindeutig feststellen. Der Wettbewerber B pflegt enge Kooperationen mit Kunden und erarbeitet gemeinsame Lösungen für spätere Rollouts.

Auf Basis der vorangegangenen Ergebnisse der Wettbewerber-Analyse ist für den Standort eine Kombination aus Pionier- und Kooperationsstrategie empfehlenswert. Da Wettbewerber A sowie Wettbewerber B bereits Erfahrungen gesammelt haben, ist eine Kooperation mit einem dieser Wettbewerber anzustreben. Die aktuelle Geschäftsstrategie des Standortes sieht bislang keine Kooperation vor, ist jedoch aktiv am Einsatz neuer Technologien interessiert und setzt im Versandbereich bereits neue Technologien (RFID) ein, die auf die Produktionslogistik ausgerollt werden könnten. Aufgrund dieser Analyse wird der Anpassungsbedarf der Geschäftsstrategie im Bereich C1 (Wettbewerber) mit 3 von 10 Punkten als sehr niedrig bewertet.

**Analyse der Kundenbindungs- und Kundengewinnungsansätze (C2-Analyse):**

In der Analyse von Kundenbindungs- und Kundengewinnungsansätzen lässt sich lediglich eine Produktsparte (ZZ) definieren. In Bezug auf diese Sparte und der dazugehörigen Kunden sind unterschiedliche strategische Schwerpunkte möglich. Die vom Kunden gewünschten Produkt- und Serviceeigenschaften wurden in Abbildung 30 festgehalten und bewertet.

In der Produktsparte ZZ können zwei Kundengruppen identifiziert werden, die unterschiedliche Kombinationen aus Service- und Produkteigenschaften als ideal erachten.

*Kundengruppe VarA1:*

Diese Kunden möchten qualitative und funktional hochwertige ZZ-Teile in Verbindung mit einem kundenindividuell abgestimmten Service. Zu diesem individuellen Service gehört sowohl die Möglichkeit kurzfristig neue Bestellungen bzw. Abrufe über EDI übermitteln oder stornieren zu können, eine flexible Just-In-Time Lieferung als auch die Belieferung unterschiedlicher Mengen. Im Gegenzug ist diese Gruppe bereit für diese Flexibilität einen entsprechenden Preis zu bezahlen.

*Kundengruppe VarA2:*

Diese Kundengruppe möchte qualitativ und funktional hochwertige ZZ-Teile in Verbindung mit einem festgelegten und abgestimmten Service, der ein gewisses Maß an Flexibilität bietet. Jedoch versucht diese Gruppe den Preis jährlich stufenweise zu reduzieren.

**Analyse der Kundenbindungs- und Kundengewinnungsansätze (C2-Analyse)**

| Industrie 4.0 Kundenbindungs bzw. Gewinnungsansätze (Beispiele) | | Vom Kunden gewünscht? | Welche Kombination aus Produkt und Serviceeigenschaften ist für die Kundengruppe 1 ideal? (Frage A1) | Vom Kunden gewünscht? | Welche Kombination aus Produkt und Serviceeigenschaften ist für die Kundengruppe 2 ideal? (Frage A2) |
|---|---|---|---|---|---|
| ZSP-Produkt | Qualität | Ja | Kurzfristige flexible Just-In-Time Lieferungen von qualitativ hochwertigen ZSP-Teile mit bestimmten Konditionen hinsichtlich Lieferzeit und flexiblen Bestellmengen einem dem Service entsprechenden angemessenen Preis | Ja | Kurzfristige flexible Just-In-Time Lieferungen von qualitativ hochwertigen ZSP-Teile mit bestimmten Konditionen hinsichtlich Lieferzeit und flexiblen Bestellmengen mit entsprechenden günstigen Preis |
| | Funktionalität | Ja | | Ja | |
| | Preisreduktion | Nein | | Ja | |
| | Bestellmengenflexibilität | Ja | | Ja | |
| | Lieferzeitoptimierung | Ja | | Ja | |
| Wie stark berücksichtigt die bestehende Unternehmensstrategie die identifizierten Kundenbindungs-/Kundengewinnungsansätze bereits? Begründung | | | | | |
| Berücksichtigung der identifizierten Kombinationen finden bereits Anwendung. Auf Merkmale wie z.B. Preisgestaltung und Lieferzeitoptimierung kann jedoch nur bedingt eingegangen werden, da der Metallpreis instabil ist und die VK-Preise mit einem kalkulatorischen Wert stufenweise festgesetzt wurden. So sinkt der VK-Preis jährlich. Anstrengungen zur Kosten- und Lieferzeitoptimierung werden durch Optimierungsprojekte bereits durchgeführt. | | | | | |
| Wie hoch ist der Anpassungsbedarf der Geschäftsstrategie hinsichtlich der Kundengewinnungsausrichtung? Auf einer Skala von 1 (=keinerlei Anpassung notwendig) bis 100=komplette Neuausrichtung erforderlich) | | | | | |
| Punkte: | 4 | | | | |
| Begründung | | | | | |
| Die Momentane Unternehmensstrategie berücksichtigt die vom Kunden vorgegebenen Produkt- und Serviceansätze, so dass die Unternehmensstrategie zielführend ist. | | | | | |

*Abbildung 30: Ergebnistabelle: Kundenbindungs- und Kundengewinnungs-Analyse*

Die Berücksichtigung der identifizierten Kombinationen findet bereits Anwendung. Auf Merkmale wie z.B. Preisgestaltung und Lieferzeitoptimierung kann jedoch nur bedingt eingegangen werden, da der Metallpreis instabil ist und die Verkaufspreise mit einem kalkulatorischen Wert stufenweise festgesetzt wurden. Anstrengungen zur Kosten- und Lieferzeitoptimierung werden durch Optimierungsprojekte bereits durchgeführt. Aus diesem Grund wird der Anpassungsbedarf im Bereich C2 (Kunden) mit 4 von 10 Punkten als niedrig bewertet.

**Analyse der Unternehmensprozesse und -produkte (C3-Analyse):**

In dieser Analyse geht es darum zu definieren, wie die Prozesse und Produkte sich auf die zuvor identifizierten Produkt- und Serviceeigenschaften umsetzen lassen. Es stellt sich die Frage, wie kompliziert es ist, bestehende Produktions- und Unternehmensprozesse an die dargestellten Kombinationen anzupassen.

| Analyse der Unternehmensprozesse und -produkte (C3-Analyse) | | |
|---|---|---|
| Industrie 4.0 Prozess- und Produktstrukturierung<br><br>(Spiegeln sich die identifizierten Kombinationen aus Produkt- und Serviceeigenschaften derzeit auf Produkt- du Prozessebene wieder?) | **VarA1**<br><br>(Hochwertig bester Service) | **VarA2**<br><br>(Hochwertig günstig bester Service) |
| ZZ-Teile | Teilweise | Kaum |
| In welchem Umfang verfügt das Unternehmen über detaillierte Prozessdarstellungen der Produktionsprozesse/übergeordeten Prozesse sowie eine Zuordnung der Produkte nach Prozessen?<br>Erläuterung | | |
| Das Unternehmen verfügt über detaillierte Prozesslandkarten mit Zuordnung nach Produkten. Arbeitspläne und Stücklisten bilden zusätzlichen Input für die Prozessstabilität. Die Prozesslandkarten sind jedoch nicht alle aktuell, da im Unternehmen große Umstrukturierungsmaßnehmen und örtliche Änderungen im Maschinenpark und im Unternehmenslayout stattfinden. | | |
| Wie hoch ist der Anpassungsbedarf der Geschäftsstrategie hinsichtlich der Prozess- und Produktstrukturierung?<br>Auf einer Skala von 1 (=keinerlei Anpassung notwendig) bis 10 (=komplette Neuausrichtung erforderlich) | | |
| Punkte | 6 | |
| Begründung | | |
| Teilweise werden bestimmte Kombinationen aus Produkt- und Serviceeigenschaften berücksichtigt. Optimierungsbedarf besteht dennoch. | | |

*Abbildung 31: Ergebnistabelle: Prozess- und Produktstrukturierungs-Analyse*

Das Unternehmen verfügt über detaillierte Prozessdarstellungen sowie eine Zuordnung der jeweils unterstützenden IT-Technologien. Dahingehend kann eine valide Abschätzung der zukünftigen Servicemöglichkeiten erfolgen. Die Ergebnisse sind in Abbildung 31 festgehalten worden.

Der Standort ist, für die *Kombination VarA1*, teilweise in der Lage die vom Kunden geforderte hohe Qualität und Funktionalität sowie die nachgefragten Servicebedürfnisse, auf Basis der bestehenden Prozesse, zu erfüllen. Dieser Service (flexible Just-In-Time-Lieferung von variablen Bestellmengen) rechtfertigt einen höheren Preis des Produktes, wobei hohe Qualität und Funktionalität für die Anlieferung bei einem Automobilhersteller als Selbstverständlichkeit angesehen wird. Für die *Kombination VarA2* werden die Anforderungen, aufgrund des fehlenden Technologieeinsatzes in der Produktionslogistik, kaum erfüllt. Die internen Prozessabläufe verursachen dadurch höhere Produktionskosten pro Teil.

Zusammengefasst lässt sich festhalten, dass verschiedene Anforderungen derzeit noch nicht erfüllt werden, jedoch bestimmte Kundenbindungs- und Kundengewinnungsansätze, auf Basis der bestehenden Prozessebene und der angebotenen Produkte, zum Teil bereits Anwendung finden.

Aus diesem Grund wird ein Anpassungsbedarf im Bereich C3 (Produkte und Prozesse) der Geschäftsstrategie mit 6 von 10 Punkten als mittelhoch bewertet.

Somit kann mit Hilfe einer Auswertungstabelle der Durchschnittswert und der Grad der Anpassung der bestehenden Geschäftsstrategie ermittelt werden.

| Zusammenfassung der 3C-Analyse - Anpassungsbedarf der Geschäftsstrategie (Position des Unternehmens auf der x-Achse) | |
|---|---|
| Punkte C1-Analyse | 3 |
| Punkte C2-Analyse | 4 |
| Punkte C3-Analyse | 6 |
| Durchschnittliche Punktzahl | 4,33 |
| Position | Business as usual |

*Abbildung 32: 3C-Auswertung zur Ermittlung der Position auf der X-Achse*

wird eine durchschnittliche Punktzahl von 4,33 erreicht. Somit befindet sich der Standort auf der X-Achse im ersten Quadranten (Business as usual) des in Abbildung 26 aufgezeigten Vorgehensmodells.

## 5.1.2 Anwendung der fünf Paradigmen in der Produktionslogistik

Bei der Analyse des Erfahrungsgrades mit Industrie 4.0 wird festgehalten welches Know-How das Unternehmen, in Bezug auf neue Technologien und I4.0, besitzt. Auch wird bewertet, wie hoch die bereits durchgeführten Pilotprojekte gemäß der fünf zentralen I4.0-Paradigmen[50] einzuschätzen sind.

Der Standort kann bislang 3 Pilotprojekte im Bereich I4.0 aufzeigen. Das erste Projekt wurde in Kooperation mit einem Kunden der Automotivebranche durchgeführt. Hierbei werden alle Behälter mit einem RFID-Label bestückt, sodass beim Kunden eine automatische Wareneingangserfassung am RFID-GATE stattfinden kann. Das zweite Projekt wurde im Rahmen des ERP-Upgrades mit umgesetzt, sodass eine automatische Bedarfsmeldung bzw. Bestellung und auch Fremdbearbeitungsbestellung ausgelöst wird, wenn ein Bedarf nach Fertigungsauftrag besteht. Das dritte Projekt ermöglichte das mobile Buchen am Arbeitsplatz (nicht aber auf dem gesamten Gelände). So entfielen manuelle Eingaben am Arbeitsplatz und Buchungsfehler konnten reduziert werden.

Es wurden zudem zahlreiche Schwachstellen innerhalb des Produktions-, Logistik- und Wertschöpfungsprozesses identifiziert, die vor allem auf mangelnde system- und datentechnische Integration wie auch auf die falsche Anwendung der Systeme zurückzuführen ist. Deshalb wird der Grad der Erfahrung des Unternehmens mit 5 Punkten mittelmäßig eingestuft.

| Industrie 4.0 Use Cases in der Produktionslogistik | Erfahrung mit Industrie 4.0-Technologien und- Ansätzen (Position des Unternehmens auf der y-Achse) | | | | |
|---|---|---|---|---|---|
| | Berücksichtigung der Paradigmen mit Blick auf Industrie 4.0 im Rahmen des aufgeführten Use Case? | | | | |
| | Vertikale und horizontale Integration | Dezentrale Intelligenz | Dezentrale Steuerung | Durchgängiges digitales Engineering | Cyberphysische Produktionssysteme |
| Versandlabel auf Basis RFID | Nein | Ja, Einsatz von RFID Labels, jedoch nur im Versand zum Kunden, nicht in der Produktionslogistik | Nein - Kunde kann jedoch damit einen automatischen Wareneingang realisieren. | Nein | Nein |
| automatische Materialbedarfssteuerung | Ja, automatische Bestellungen auf Basis von zukünftigen Bedarfen werden systemübergreifend ausgelöst. | Nein | Nein | Ja | Nein |
| Mobiles Buchen mit Scanner oder mobilen Geräten | Ja, jedoch nur an Arbeitsplätzen möglich und nicht auf dem gesamten Gelände. | Nein | Nein | Nein | Nein |
| Wie hoch wird auf Basis der oben identifizierten Use Cases unter Berücksichtigung der Paradigmen für erfolgreiche Produktionslogistik, der Erfahrungsgrad des Unternehmens mit Industrie 4.0 Technologien und- Ansätzen eingeschätzt? Auf einer Skala von 1 (=kein Wissen und Erfahrung) bis 10 (=umfassendes Wissen und Erfahrung) | | | | | |
| Punkte | 5 | | | | |
| Begründung | Das Unternehmen verfügt über Use Cases die drei von fünf Paradigmen berücksichtigt. | | | | |

*Abbildung 33: Analyse der Erfahrungen des Unternehmens mit I4.0 Technologien*

Somit befindet sich der Standort auf der Y-Achse zwischen dem ersten Quadranten (Business as usual) und dem zweiten Quadranten (Kompetenz Ausbauen) des in Abbildung 26 aufgezeigten Vorgehensmodells.

## 5.1.3 Anwendung des Werkzeugkastens in der Produktionslogistik

*Abbildung 34: Anwendung des Werkzeugkastens*

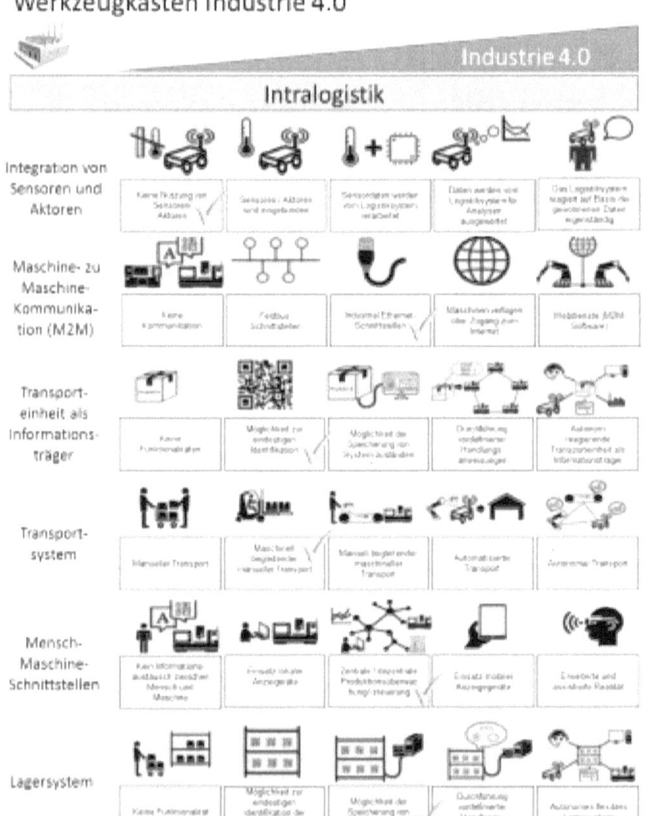


Der Werkzeugkasten (TU Darmstadt (Hrsg.) 2015, S.15) gibt einen groben Einblick in die Erfahrung mit Industrie 4.0, und zeigt

Schwachstellen in den einzelnen Infrastrukturgruppen der Intralogistik bzw. der Produktionslogistik auf. Im Rahmen einer unternehmensinternen Befragung wurden die Kenntnisse in den einzelnen Gruppen ermittelt und im Werkzeugkasten festgehalten. Das Ergebnis ist in Abbildung 42 dargestellt. Hier wird ersichtlich, dass in der Produktionslogistik keinerlei Sensortechnologie angewendet wird. Auch die Speicherung von Informationen direkt am Produkt oder Behälter findet aktuell nicht statt.

Es besteht jedoch die Möglichkeit das Produkt bzw. den Behälter eindeutig zu Identifizieren. Der Transport findet hauptsächlich mit personengeführten und maschinell begleiteten Transportgeräten statt. Bezugnehmend auf die Mensch-Maschine-Schnittstelle sowie des Einsatzes von Lagersystemen steht der Standort mit vorhandenen Steuerungsmöglichkeiten im Produktions- und Logistikumfeld im mittleren Feld der Industrie 4.0 Erfahrungen. Als Ergebnis dieser Analyse ist ersichtlich, dass ein Ausbau in der Sensortechnologie, der Speicherung von Informationen am Material bzw. Behälter sowie ein möglicher Einsatz von mobilen Anzeigegeräten anzustreben ist. Bezogen auf die zukünftige Vision (Kapitel 3.2) werden Fahrerlose Transportsysteme, sowie die Anbindung der Maschinen an das Internet längerfristig angestrebt.

### 5.1.4 Zusammenfassung Schritt 1

Im Rahmen der 3C-Analyse sowie der Anwendung des fünf Paradigmenmodells wurde festgehalten, dass die Geschäftsstrategie sowie die Erfahrung mit I4.0 sich jeweils im ersten Quadranten befindet. Durch den Einsatz des Werkzeugkastens konnten die Schwachstellen in der Produktionslogistik identifiziert und somit die Richtung der zukünftigen Strategie definiert werden.

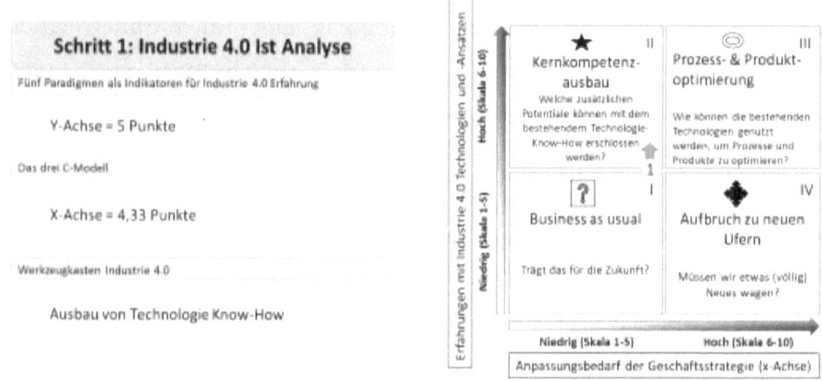


*Abbildung 35: Ergebniszusammenfassung aus Schritt 1*

# 5.2 Stufenweise Einführung von Industrie 4.0 – Schritt 2

Im zweiten Schritt zur stufenweisen Einführung von Industrie 4.0 soll entschieden werden welche Strategie zukünftig verfolgt wird. Durch die Analyse aus Schritt 1 kam hervor, dass ein Kernkompetenzausbau anzustreben ist. Demzufolge wird die Schließung der Technologie- und Wissenslücke und Entwicklung des Unternehmens weiterverfolgt sowie erfolgsversprechende Projekte definiert.

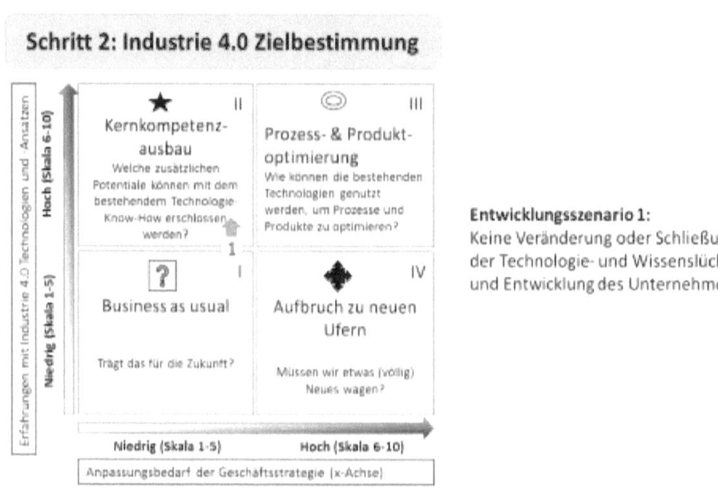


*Abbildung 36: Ergebniszusammenfassung aus Schritt 2*

Bezugnehmend auf die bevorzugten Technologien aus Kapitel 4.3 wurde ein *Infrastrukturprojekt* gestartet, das die Installation des Wireless LAN auf dem gesamten Werksgelände und sämtlichen Räumlichkeiten beinhaltet. Darauf aufbauend soll mit dem Folgeprojekt *Mobile Booking* Echtzeitbuchungen über mobile Geräte innerhalb der Produktionslogistik realisiert werden.

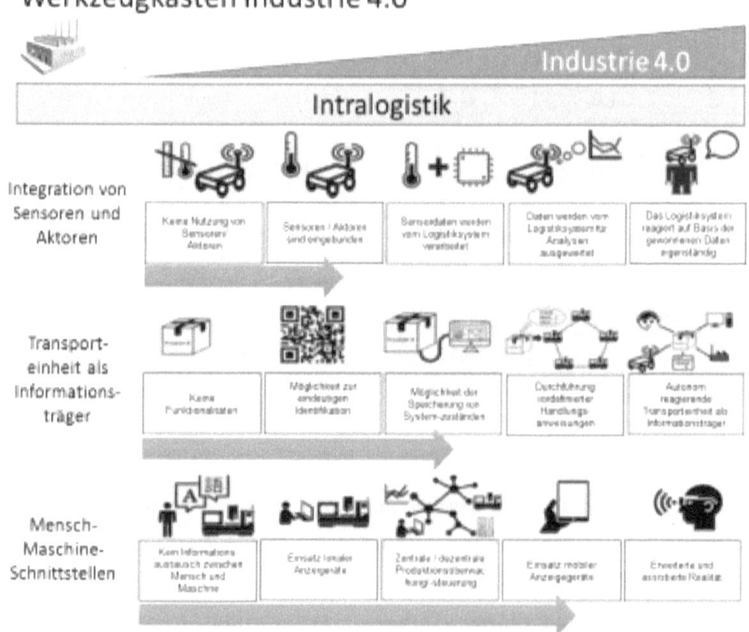


*Abbildung 37: Nächste Schritte in Richtung Industrie 4.0[51]*

Für zukünftige Auto-ID Technologie- und Ortungsprojekte bildet das Infrastrukturprojekt ebenfalls die Basis.

In Abbildung 37 wird aufgezeigt in welchen Technologien zukünftig investiert wird. Darunter fällt die Integration von Sensoren und Aktoren, die Erweiterung der Mensch/Maschinen Schnittstelle in Produktion und Logistik sowie die Möglichkeit der Speicherung von Informationen auf Ladungsträgern und Transporteinheiten. Im folgenden Abschnitt wird das *Infrastrukturprojekt* näher beschrieben.

## 5.3 Stufenweise Einführung von Industrie 4.0 – Schritt 3

Im letzten Schritt zur stufenweisen Einführung von Industrie 4.0 wird, am Beispiel des *Infrastrukturprojektes (Einführung von WLAN am gesamten Standort),* aufgezeigt, wie im Rahmen eines Pilotprojektes die ersten Erkenntnisse aus messbaren, handhabbaren Maßnahmen entstehen, die für eine Realisierungsentscheidung und weiteren Rollout im Unternehmen nutzbar sind.

Im Unternehmen MUSTERCOMPANY müssen alle Investitionen in neue Technologien bzw. größere Budgetprojekte durch die Unternehmenszentrale genehmigt werden, daher handelt es sich bei dem *Infrastrukturprojekt* um ein Evaluationsprojekt (Pilotprojekt).

Dies bedeutet, dass eine Kosten-Nutzen-Abwägung durchgeführt werden muss. Auf Basis dieser Ergebnisse wird anschließend durch das Management entschieden ob aus diesem Projekt ein Realisierungsprojekt (Rollout-Projekt) initiiert wird oder nicht. Dafür ist es notwendig im Rahmen des Pilotprojektes das Projektmanagement, sowie die Ebenen Management von Prozessen, Management von IT-Technologien, Management von Organisationen und Management von Mitarbeitern näher zu betrachten.

### 5.3.1 Management von Projekten

Für das *Infrastrukturprojekt* wird eine Kosten-Nutzen-Abwägung sowie eine Präsentation, mit den Ergebnissen aus dem Pilotprojekt, durchgeführt. Auf dieser Basis entscheidet das Management, ob ein Realisierungsprojekt durchgeführt wird oder nicht. In Abbildung 38 ist der Projektplan des Infrastrukturprojektes dargestellt. Für das Projekt wird ein Projektteam aus fachübergreifenden Mitarbeitern der Produktion, Logistik, IT und des Managements sowie externen Beratern gebildet.

Dabei werden unterschiedliche Arbeitspakete den jeweiligen Bereichen zugeordnet und deren Ausführung durch das Management kontrolliert.

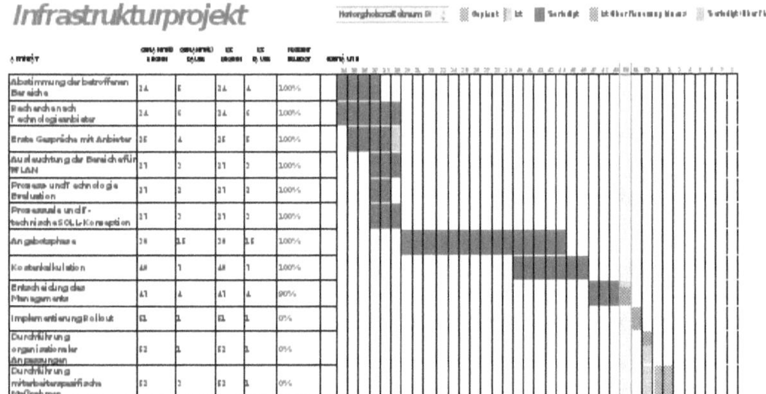

*Abbildung 38: Projektplan des Infrastrukturprojektes*

Die Projektmitglieder der Produktion und Logistik entwickeln neue prozessuale Konzepte und Maßnahmen zur Reduzierung von Kosten in der Produktionslogistik. Die IT prüft, zusammen mit externen Beratern, wie die Technologien in die bestehende Infrastruktur implementiert werden können. Basierend auf den ersten Ergebnissen können Kostenabschätzungen und erste Maßnahmen zur Erreichung der Ziele abgeleitet werden. Um den erfolgreichen Austausch sowie die Integration aller Informationen zwischen den Projektmitgliedern sicherstellen zu können, wird ein Projektleiter definiert, der zusammen mit dem Management als Lenkungskreis agiert und somit kurzfristige Gegenmaßnahmen einleiten kann.

Das Risiko des Infrastrukturprojektes wird als gering eingestuft, da die Einführung von WLAN nicht den täglichen Betrieb stört und folglich kein Produktionsausfall verursachen kann. Lediglich zeitliche und planerische Risiken können auftreten, die jedoch mit einem Festpreisangebot zu Lasten des Lieferanten gehen.

### 5.3.2 Management von Prozessen

In diesem Teil steht die Gestaltung, Verbesserung und Dokumentation von Unternehmensprozessen im Mittelpunkt und wird hinsichtlich Effektivität und Effizienz geprüft.

Das Prozessmanagement ist bei einer Technologieeinführung unerlässlich. Denn erst, wenn Prozesse erfassbar und begreifbar werden, können Schwachstellen und Zusammenhänge des Materialflusses innerhalb der Produktionslogistik aufgedeckt und Optimierungen erarbeitet werden. Erst dann können Technologieüberprüfungen stattfinden, und so Ansätze zur Verbesserung der Prozesse liefern.

wurde bereits im Vorfeld durch das obere Management beschlossen, dass werksweit WLAN verfügbar sein soll. Sowohl innerhalb der Werksgebäude, als auch auf dem gesamten Außengelände. Durch die Projektmitglieder Produktion und Logistik sollen Vorteile der Technologieeinführung (WLAN) in Bezug auf die aktuellen Prozesse in der Produktionslogistik erarbeitet, sowie Maßnahmen zu deren Realisierung aufgezeigt werden, die nach dem Rollout des Infrastrukturprojektes umgesetzt werden können.

Die Ergebnisse sind in Tabelle 3 dargestellt.

*Tabelle 3: Potenziale der Maßnahmen für die WLAN Einführung[52]*

| Maßnahme: | Potenzial: |
|---|---|
| **WLAN in der Logistik** | Vorbereitung und Realisierung des mobilen Buchens auf dem gesamten Werksgelände. Dies betrifft jegliche Art der Buchung innerhalb des Materialflusses indem das Material buchungsrelevant bewegt wird und nicht automatisch, z.B. durch eine Material Operation Pull Vorgehensweise innerhalb eines Fertigungsauftrages durch das Verwaltungssystem, sondern manuell durch einen Mitarbeiter der Logistik bzw. der Produktion verbucht wird. |
| | Zeiteinsparung während der Inventur. Gezählte Werte können direkt elektronisch vor Ort erfasst werden. Eine doppelte Dateneingabe auf Papier würde entfallen. Auch Übertragungsfehler werden reduziert. Zudem kann eine permanente Inventur leichter realisiert werden, da die Zählung und Buchung zeitnah agiert |
| | Vermeidung eines sehr hohen Suchaufwandes durch nicht bzw. fehlerhaft gebuchtes Material auf Grund mangelnder Infrastruktur. |
| | Vermeidung hoher Lagerhaltungskosten bzw. hoher Bestände in der Produktion. Just-In-Time-Lieferungsprozesse der Rohstoffe können realisiert und automatisiert werden. |
| | Verringerung des Zeitaufwandes für die Dateneingabe. |
| | Optimierte Transparenz bezüglich Bestand und Standort (logistische Kennzahlen sind aktueller). |
| | Die Druckeranbindung über WLAN. Der Drucker wäre mobil einsetzbar und nicht zwangsläufig an einen bestimmten Ort gebunden. Außerdem könnten teure Kabelverlegungsarbeiten und Kabelkosten eingespart werden. |
| **WLAN in der Produktion** | Implementierung von Prozessen zur Fehlerreduzierung und Vermeidung von Produktionsstillständen und ein schnellerer Daten- und Informationsaustausch zwischen Produktion und Logistik. |
| | Über das WLAN ist es möglich mobile Geräte und Tablets im Produktions- und Logistikumfeld einzusetzen und Livedaten (z.B. Bedarfe, Fehlermeldungen) an Leitsysteme zu übermitteln. |
| | Mitarbeiter in der Produktionslogistik können so auch auf dem Stapler schneller reagieren und ihre Leerfahrten organisieren. |
| | Auch ist ein Weg zurück zum Arbeitsplatz, an dem ein fest installierter Computer steht, bei Materialbuchungen nicht mehr notwendig. Es werden reale Vorortbuchungen möglich und Wegezeiten eingespart |

Die entsprechenden Maßnahmen werden innerhalb der Projektphase *Prozessuale und IT-technische Soll Konzeption* (siehe Abbildung 38) geplant. Vor der Testphase werden im Rahmen der Prozess- und Technologie-Evaluation durch die IT und die externen Berater Analysen durchgeführt und erste Kostenabschätzungen abgegeben.

### 5.3.3 Management von IT-Technologien

Auf dieser Ebene geht es um die Auswahl, Planung und Implementierung geeigneter Industrie 4.0-Technologien, mit dem Ziel der Entwicklung des Standortes zur einen smarten (intelligenten) Fabrik. Mit der Auswahl der WLAN-Technologie, im ersten Schritt, wird ein Weg in Richtung Industrie 4.0 mit einer optimierten Mensch/ Maschine Kommunikation angestrebt. Auch wird die Technologie *Internet der Dinge* durch diese Einführung unterstützt.

Im Rahmen des Projektes wurden durch die Mitarbeiter der IT-Abteilung verschiedene Technologieanbieter und deren Angebote zur Einführung von WLAN im Werk verglichen und erste persönliche Gespräche zur Realisierung durchgeführt. Der bevorzugte Technologieanbieter hat bereits an anderen MUSTERCOMPANY Standorten neue Technologien implementiert, daher ist es mit der Unternehmensstruktur und den Gegebenheiten vertraut. Die WLAN-Ausleuchtung wurde nach einer ersten Begehung geplant und in den Bereichen Office, Osterweiterung, Produktion und Außenbereiche/Lagerhallen durchgeführt. In Abbildung 39 ist das Ergebnis der Ausleuchtung des Produktionsbereiches und des Außenbereiches dargestellt. Die Darstellung bezieht sich auf die Anforderungen, welche für einen optimalen Datendurchsatz für Handscanner, Tablets und ähnliche Geräte erforderlich sind. Eine Signalstärke von mindestens -67dBm (roter Bereich) wird hierbei angenommen. Sämtliche Werte beziehen sich auf Rohmessungen, welche mit der NIC-300 von Ekahau durchgeführt wurden. Das Rohsignal ist das Signal, was die WLAN Messkarte direkt und ohne spezielle Einstellung aufnimmt.

Bereiche, die grau / weiß dargestellt werden, entsprechen nicht diesen Anforderungen ggf. liegen kleinere Messfehler vor, die nicht zu verhindern sind. Die Darstellung der folgenden Abbildung bezieht sich auf die Anforderungen für den Einsatz von Tablets, und anderweitige mobile Geräte welche mit der lokalen IT besprochen wurden. Die Platzierungen der zukünftigen Zugangs-Punkte auf dem Werksgelände werden im Anhang D aufgezeigt.

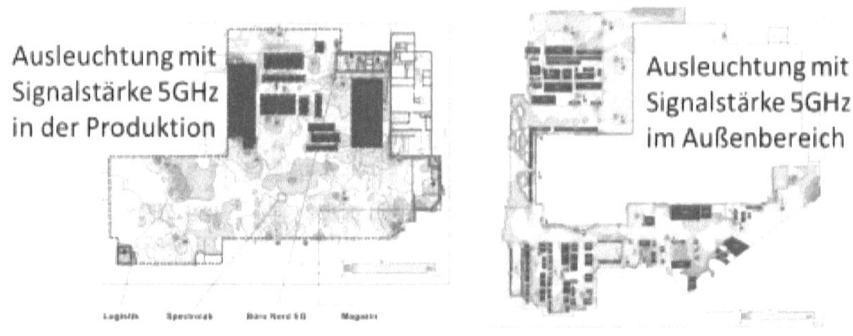



*Abbildung 39: WLAN-Ausleuchtung Werk*

Insgesamt werden 48 Zugangs-Punkte im gesamten Werk benötigt um eine flächendeckende Abstrahlung des Netzes gewährleisten zu können.

### 5.3.4 Management von Organisationen

Auf dieser Ebene muss die Fragestellung der Veränderung der hierarchischen Untergliederung von Unternehmensbereichen durch die Einführung von Industrie 4.0 geklärt werden. Im Rahmen dieses Infrastrukturprojektes finden keinerlei organisatorische Änderungen statt. Demnach wird diese Ebene nicht weiter berücksichtigt.

### 5.3.5 Management von Mitarbeitern

Ziel dieser Ebene ist der optimale Umgang und das Management von Mitarbeitern in Zusammenhang mit der bevorstehenden Industrie 4.0 Einführung. Die Motivation, Führung und Entwicklung dieser Mitarbeiter wird durch solche Technologie-Einführungen oftmals vernachlässigt. Demzufolge entstehen Lücken, die einen Schulungs- und Entwicklungsbedarf in technischen und prozessualen Innovationen hervorrufen. Diese Lücke muss durch interne Maßnahmen oder externe Trainer gedeckt werden.

Im Rahmen des Infrastrukturprojektes finden aktuell noch keinerlei Schulungsmaßnahmen statt. Die Mitarbeiter wurden über bevorstehende Änderungen und Optimierungen im Bereich der Produktionslogistik informiert. Da das WLAN auch im privaten Haushalt bereits zum Standard geworden ist wurde ein Schulungsbedarf dieser Technologie als nicht notwendig erachtet. Im anschließenden Folgeprojekt mit dem Schwerpunkt *mobiles Buchen* müssen die Mitarbeiter auf die neuen Technologien und Prozesse vorbereitet werden. Hierfür muss ein Schulungskonzept bzw. ein Industrie 4.0 Change-Management Modell angesetzt werden, welches auch brisante Mitarbeiterthemen beinhaltet und Ängste vor bevorstehenden Veränderungen minimiert. Dies kann jedoch erst nach der Auswahl des Lieferanten für diese Technologie und der Bestimmung des Zeitrahmens der Einführung starten.

### 5.3.6 Evaluierung von Kosten und Nutzen

Im Rahmen des Infrastrukturprojektes erfolgt, nach Freigabe des Managements, die Planung, Beschaffung und Installation der WLAN-Komponenten. Die Anbindung an die IT-Infrastruktur wird über externe Dienstleister durchgeführt.

Damit das Management eine Entscheidung treffen kann, muss zuerst eine Wirtschaftlichkeitsberechnung durchgeführt und die Kosten dem Nutzen gegenübergestellt werden.

Die Methoden der Wirtschaftlichkeitsberechnung wurden bereits in Kapitel 4.2 vorgestellt. Bei der Bewertung wird nur die Investition in die WLAN-Technologie als Einzelinvestition berücksichtigt. Folge dessen wird nur die Kapitalwertmethode und die dynamische Amortisationsdauer Methode angewendet. Die Zinswertmethode würde bei der Bewertung von Einzelinvestitionen immer dasselbe Entscheidungsergebnis wie die Kapitalwertmethode liefern. (vgl. Horst, K. 2009, S.99)

Für IT Investitionen wird von einer Nutzungsdauer von 3-5 Jahren ausgegangen. Zur Bewertung der Investition in das werksweite WLAN-System werden 5 Jahre als Abschreibungsdauer angesetzt.[53]

Um den Aufwand des Infrastrukturprojektes zu ermitteln wurden WLAN-Ausleuchtungen vorgenommen und ein Angebot des Technologieanbieters (Variante 1) eingeholt, welches erste Kostenabschätzungen ermöglicht. Alternativ für die passive Infrastruktur (Verkabelung, Montagematerial, Messungen etc.) wurde ein Angebot der Elektrofirma eingeholt und dem Angebot des Technologieanbieters gegenübergestellt (Variante 2). Die Elektrofirma ist aktuell bei 95% aller Elektroinstallationen beteiligt und kennt die internen elektrischen Gegebenheiten sehr gut. Diese Angebote bilden die Basis für die Wirtschaftlichkeitsberechnung.

Bei Variante 1 (nur Technologieanbieter) beträgt die Gesamtsumme 181.787.22€ für die WLAN-Einführung.

Bei Variante 2 (Technologieanbieter zusammen mit Elektrofirma) kann die Gesamtsumme auf 122.518.78€ reduziert werden.

Bei einer Entscheidung für Variante 2 ist ein Ersparnis von 59.268,44€ möglich. Die Kostenaufstellung wird in Tabelle 4 detailliert aufgezeigt. Darin sind auch die Einzelauflistungen aller Bereiche und Komponenten ersichtlich. Da WLAN im gesamten Werk einzuführen ist, werden nicht nur die Produktions- und Außenbereiche berücksichtigt, sondern auch die nicht wertschöpfenden Bereiche wie die Büros und der Zugang zu einem werksweiten Gäste-WLAN.

*Tabelle 4: WLAN Angebotsvergleich*[54]

| Variante 1 - Komplett Implementation über Technologieanbieter | | | Variante 2 - Passive Infrastruktur über Elektrofirma und Active Infrastruktur + Dienstleistung über Technologieanbieter | | |
|---|---|---|---|---|---|
| Kostenaufstellung WLAN 1 | | | Kostenaufstellung WLAN 2 | | |
| Typ | Material | Kosten | Typ | Material | Kosten |
| Passive Infrastruktur | Kabel, Montagematerial, Messungen | 80.283,53 € | Passive Infrastruktur | Kabel, Montagematerial, Messungen | 36.158,12 € |
| Active Infrastruktur | Wireless Controller | 2.410,29 € | Active Infrastruktur | Wireless Controller | 2.410,29 € |
| | Guest Anchor Solution (Gäste-WLAN) | 1.290,97 € | | Guest Anchor Solution (Gäste-WLAN) | 1.290,97 € |
| | Access Points Bürobereiche | 7.276,77 € | | Access Points Bürobereiche | 7.276,77 € |
| | Access Points Produktionsbereiche | 14.192,15 € | | Access Points Produktionsbereiche | 14.192,15 € |
| | Access Points Außenbereiche | 9.446,66 € | | Access Points Außenbereiche | 9.446,66 € |
| Dienstleistung | | 16.166,00 € | Dienstleistung | | 10.486,00 € |
| Summe Netto | | 152.762,37 € | Summe Netto | | 102.965,96 € |
| Summe Brutto | zzgl. 19% Mwst | 181.787,22 € | Summe Brutto | zzgl. 19% Mwst | 122.518,78 € |

Die Potenziale und der Nutzen des WLAN-Einsatzes sind bereits in Tabelle 3 (Seite 63) abgebildet. Diese werden zusätzlich in der folgenden Tabelle 5 nach monetär quantifizierbaren und nicht monetär quantifizierbarer Nutzen unterschieden.

Unter nicht monetär quantifizierbaren Nutzen werden mögliche Vorteile aus der WLAN Nutzung im Unternehmen verstanden, welche sich nur schwer in Geldeinheiten bewerten lassen. Dagegen sind monetär quantifizierbare Nutzen Vorteile, die sich in Geldeinheiten messen oder abschätzen lassen. Diese können auch in einer Investitionsrechnung einbezogen werden.

*Tabelle 5: Nutzen des WLAN-Einsatzes* [55]

| monetär quantifizierbarer Nutzen | Nicht monetär quantifizierbarer Nutzen |
|---|---|
| Zeiteinsparung | Erhöhung der Daten- und Prozessqualität |
| Materialeinsparung durch nicht erneutes nachdrucken der Lagerkarten | Fehlerreduktion |
| Prozesssicherung; Verringerung Zusatztransport | Transparenz |
| | Kundenzufriedenheit |

Die Zeitersparnis wurde mit Hilfe der Betrachtung der einzelnen Einsparungen für Arbeitsvorgänge, die durch einen Einsatz von WLAN in Verbindung mit dem mobilen Buchen entfallen könnten, ermittelt. Diese wurden anschließend auf den WLAN Nutzen umgerechnet. Es wird angenommen, dass die Technologie WLAN auf die monetären Einsparungen zu 50% angerechnet werden kann. Die restlichen 50% werden der Technologie *mobiles Buchen* zugeordnet. Es wurden Tätigkeiten wie Laufzeiten für manuelles Buchen zu stationären Rechnern, verkürzte Eingabezeit auf mobilen Geräten, Reduktion von Stillstands Zeiten aufgrund fehlendem Material am Arbeitsplatz und Suchzeiten für falsch verbuchtes Material auf dem Werksgelände berücksichtigt. Die Werte zur Berechnung des Nutzens stammen aus internen Datenbankabfragen sowie Erfahrungswerte der Logistik- und Produktionsmitarbeiter.

In Tabelle 6 werden die potenziellen Einsparungen aufgezeigt und kostenrechnerisch auf ein Jahr hochgerechnet. Kalkulatorisch wäre so in einem Jahr eine Einsparung, die auf das Einführen von WLAN zurückzuführen ist, von 87.263.96€ möglich.

*Tabelle 6: Kosteneinsparungen aufgrund WLAN[56]*

### Kosteneinsparungen durch WLAN Einführung

Berechnung erfolgt auf folgender Basis:

| | |
|---|---|
| Schichten | 3 |
| Arbeitstage p. a | 250 |
| Euro/ Fertigungsstunde | 25,00 € |

| Tätigkeit | Min. | pro | Anzahl | Std./Jahr | €/Jahr |
|---|---|---|---|---|---|
| Reduktion der Eingabezeit durch Nutzung mobiler Geräte anstatt fest installierten PCs im Logistikbereich | 2 | Buchung | 23.481 | 783 | 19.567,50 € |
| Reduktion der Laufzeit zu stationären PCs | 5 | Buchung | 23.481 | 1.957 | 48.918,75 € |
| Reduktion der Suchzeiten verursacht durch verspätetete oder nicht getätigte Buchungen | 960 | Tag | 250 | 4.000 | 100.000,00 € |
| Zeitersparnis bei der Inventur durch direkte Eingabe ins System am Zählungsort | 7.000 | Jahr | 1 | 117 | 2.916,67 € |
| Reduktion der Stillstandszeiten durch direkte Informationsübermittlung der Bedarfe an die Produktionslogistik | 30 | Tag | 250 | 125 | 3.125,00 € |
| Summe: Ersparnis bei Einsatz des WLAN inklusive mobiles Buchen | | | | 6.981 | 174527,92 € |
| Annahme | | | | | |
| WLAN Nutzenfaktor in Verbindung mit mobilem Buchen beträgt | 50% | | | | 87.263,96 € |

Der Stundensatz wurde dem aktuellen Lohnniveau des Standortes angepasst. Bei steigendem Stundensatz steigt auch die Kosteneinsparung proportional an.

Mit diesen Angaben und dem monetär quantifizierbaren Nutzen in Höhe von 87.263,96€ pro Jahr, kann der Kapitalwert berechnet werden. Bei MUSTERCOMPANY wird ein Kalkulationszinssatz (i) von 14 Prozent angenommen.

| Variante 1: Technologieanbieter | | | | | |
|---|---|---|---|---|---|
| Jahr | Abzinsungsfaktor | Einzahlung | Auszahlung | Überschuss | Barwert | Kapitalwert |
| t | $q^t=(1+i)^t$ | $e_t$ | $a_t$ | $e_t-a_t$ | $(e_t-a_t)*q^t$ | $KW=\sum_{t=0}^{T}(e_t-a_t)*q^t$ |
| 0 | 1,00 | 0 € | 181.787 € | -181.787 € | -181.787 € | -181.787 € |
| 1 | 0,88 | 87.264 € | 0 € | 87.264 € | 76.547 € | -105.240 € |
| 2 | 0,77 | 87.264 € | 0 € | 87.264 € | 67.147 € | -38.093 € |
| 3 | 0,67 | 87.264 € | 0 € | 87.264 € | 58.901 € | 20.808 € |
| 4 | 0,59 | 87.264 € | 0 € | 87.264 € | 51.667 € | 72.475 € |
| 5 | 0,52 | 87.264 € | 0 € | 87.264 € | 45.322 € | 117.797 € |

Amortisationsdauer =                 2,57 Jahre

*Abbildung 40: Kapitalwertmethode Variante 1*

Für Variante 1 ergibt sich auf Basis des Kapitalwertes eine Amortisationsdauer von 2,57 Jahren. Diese liegt innerhalb der von MUSTERCOMPANY gewünschten IT-Investitionszeit.

Für Alternative 2 ergibt sich bei der gleichen Berechnungsart eine Amortisationsdauer von 1,68 Jahren. Dies liegt vor allem daran, dass bereits zu Beginn Kosten im passiven Infrastrukturbereich eingespart werden können.

| Variante 2: Technologieanbieter und Elektrofirma | | | | | |
|---|---|---|---|---|---|
| Jahr | Abzinsungsfaktor | Einzahlung | Auszahlung | Überschuss | Barwert | Kapitalwert |
| t | $q^t=(1+i)^t$ | $e_t$ | $a_t$ | $e_t-a_t$ | $(e_t-a_t)*q^t$ | $KW=\sum_{t=0}^{T}(e_t-a_t)*q^t$ |
| 0 | 1,00 | 0 € | 122.519 € | -122.519 € | -122.519 € | -122.519 € |
| 1 | 0,88 | 87.264 € | 0 € | 87.264 € | 76.547 € | -45.971 € |
| 2 | 0,77 | 87.264 € | 0 € | 87.264 € | 67.147 € | 21.175 € |
| 3 | 0,67 | 87.264 € | 0 € | 87.264 € | 58.901 € | 80.076 € |
| 4 | 0,59 | 87.264 € | 0 € | 87.264 € | 51.667 € | 131.743 € |
| 5 | 0,52 | 87.264 € | 0 € | 87.264 € | 45.322 € | 177.065 € |

Amortisationsdauer =                 1,68 Jahre

*Abbildung 41: Kapitalwertmethode Variante 2*

Mit beiden Varianten kann ein hoher Überschuss erreicht werden. Dies liegt vor allem am hohen Anteil der manuellen Tätigkeiten im Produktions- und Logistikbereich. Aus diesen Berechnungen ist ersichtlich, dass ein Einsatz der WLAN-Technologie wirtschaftlich sinnvoll ist.

Aus wirtschaftlicher Sicht ist Alternative 2 vorteilhafter. Denn diese bietet eine deutlich kürzere Amortisationsdauer, zudem kann die Installationsfirma langjährige Installationserfahrungen vorweisen. Für die Einführung der aktiven WLAN Infrastruktur wird auf die Expertise des Technologieunternehmens gesetzt.

## 5.3.7 Zusammenfassung Schritt 3

Im letzten Schritt zur stufenweisen Einführung von Industrie 4.0 wurde, Anhand der zuvor definierten Ziele, Konsequenzen und Maßnahmen, das *Infrastrukturprojekt* aufgesetzt, eine Kosten-Nutzenbewertung durchgeführt und neue Erkenntnisse aufgezeigt, die für eine Realisierungsentscheidung und weiteren Rollout im Unternehmen erforderlich sind.

Nach der Managemententscheidung der Unternehmenszentrale kann ein Rolloutprojekt realisiert werden. Fällt die Entscheidung positiv aus, so wird der Rollout des werksweiten WLANs stattfinden und somit der Weg für das Folgeprojekt *mobiles Buchen* ermöglicht. Fällt die Entscheidung negativ aus, so endet das Projekt an diesem Punkt. Demnach müssen andere Möglichkeiten und Technologien erörtert werden um den Weg in Richtung Industrie 4.0 gehen und die Probleme in der Produktionslogistik beheben zu können.

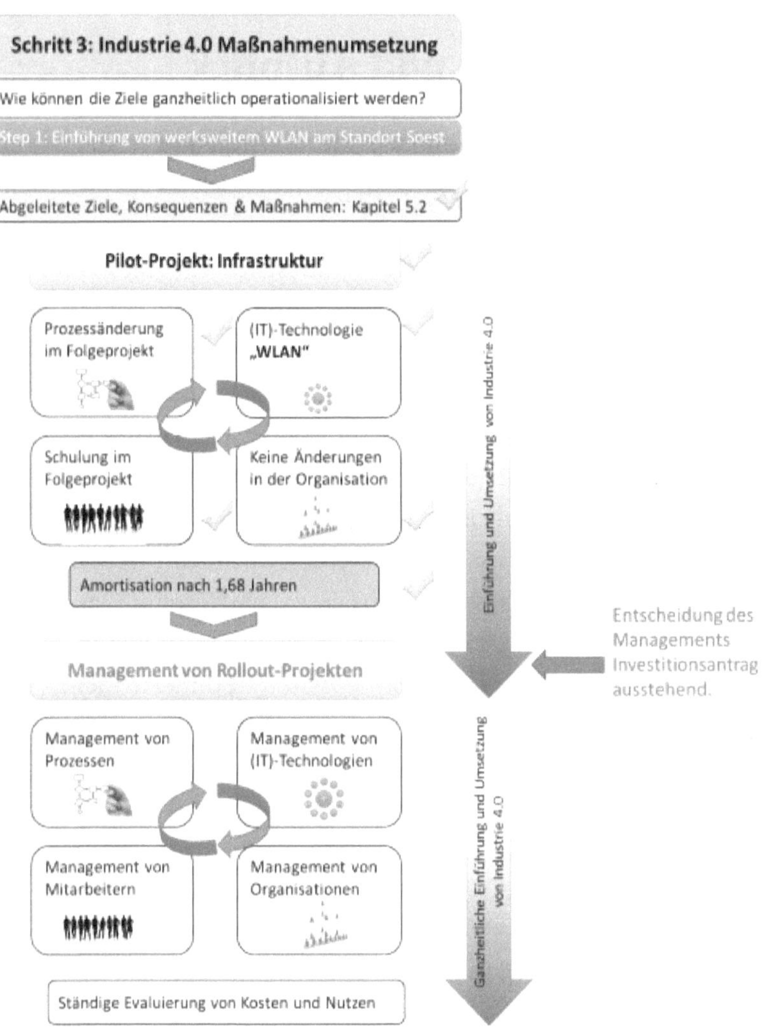


*Abbildung 42: Zusammenfassung aus Schritt 3*

# 6 Fazit und Ausblick

Das angewendete Vorgehensmodell für die stufenweise Einführung von Industrie 4.0 in der Produktionslogistik hat sich als ein praktischer Leitfaden erwiesen.

Die Definition der aktuellen Industrie 4.0 Situation, des Unternehmens MUSTERCOMPANY, konnte durchgeführt, sowie die Probleme im Unternehmensbereich methodisch betrachtet werden. Ein Ansatzpunkt der einzuführenden Lösungstechnologie wurde geliefert. Zudem wurde mit Hilfe des Leitfadens eine Stoßrichtung zur Veränderung der Geschäftsstrategie vorgegeben.

Anhand des Vorgehensmodells konnten neue Industrie 4.0 Projekte definiert und umgesetzt werden. Um eine schnelle und strukturierte Vorgehensweise realisieren und somit qualitative Ergebnisse erzielen und Umsetzungen ermöglichen zu können, bietet dieser Leitfaden, auf Basis von Problemfeldern im Produktionslogistikbereich, ein Ansatz für die Auswahl der zukünftigen Technologien, die schrittweise implementiert werden müssen. Auch werden Methoden zur Technologie und Problemanalyse angewendet, die von nicht erfahrenen Mitarbeitern ausgeführt werden können.

Das Vorgehensmodell bzw. der Leitfaden, mit den jeweiligen Phasen und der Problemfeld Matrix, wurde speziell für die Problematik in der Produktionslogistik entwickelt. Jedoch kann dieser Leitfaden als allgemeingültige Vorgehensweise für Industrie 4.0 Projekte im Bereich Produktionslogistik verwendet werden. Denn die Definition der Ziele des Einsatzbereiches, die Prozessanalysen und die Wirtschaftlichkeitsbetrachtungen können projektspezifisch angepasst werden und sind somit flexibel anwendbar.

Bei dem beschriebenen Infrastrukturprojekt, mit dem Ziel der Einführung von WLAN, wird eine bessere Transparenz im Produktions- und Logistikprozess erreicht und manueller Aufwand bei der Dateneingabe sowie Ressourcenverschwendung reduziert. Ein Nebeneffekt ist die höhere Datenqualität im Prozess. Diese Verbesserungen werden jedoch erst vollständig durch den Entfall von manuellen Buchungseingaben und der Kombination mit der Einführung von mobilen Buchungsmöglichkeiten durch die mobilen Geräte erreicht.

In der Wirtschaftlichkeitsanalyse wird der wirtschaftliche Nutzen des Projektes mit Hilfe von Schätzungen ermittelt. Es darf daher nicht außer Acht gelassen werden, dass es sich hierbei um eine theoretische Betrachtung handelt. Der Umfang von Zeiten für nicht wertschöpfende Tätigkeiten, die durch den Einsatz von WLAN entfallen würden, kann aktuell nicht sichergestellt werden. Der tatsächliche Effekt kann erst nach erfolgreicher Umsetzung und Einführung des Folgeprojektes *mobiles Buchen* festgestellt werden.

Um dem Ziel Industrie 4.0 näher zu kommen muss dieses Vorgehensmodell nach jedem durchgeführten I4.0-Projekt neu angewendet werden. So stuft sich das Unternehmen jeweils neu ein und es ergeben sich neue Projektmöglichkeiten und Stoßrichtungen.

Dieser Leitfaden bietet kein umfassendes Wissen für die Funktionsweise der Industrie 4.0 Technologien. Es kann somit auf weiterführende Literatur bzw. auf die Expertise von externen Beratern und Fachleuten nicht verzichtet werden.

Die stufenweise Einführung von Industrie 4.0 wird, aufgrund der immer neu aufkommenden technischen Möglichkeiten, und der aktuell noch nicht klar definierten technologischen Industrie 4.0 Standards, womöglich nie zu einem Ende kommen. Wie das Lean Management mit allen Methoden auch in den nächsten Jahren versucht Verschwendungen aller Art zu beseitigen und eine Lean Produktion sowie Lean Logistik anstrebt, so wird Industrie 4.0 durch neue Technologien um weitere Stufen wachsen. Die stufenweise Einführung von Industrie 4.0 muss daher als Teil des *Lean Gedankens* weiterverfolgt werden.

# Anhang

## A Werkzeugkasten Industrie 4.0 in der Intralogistik

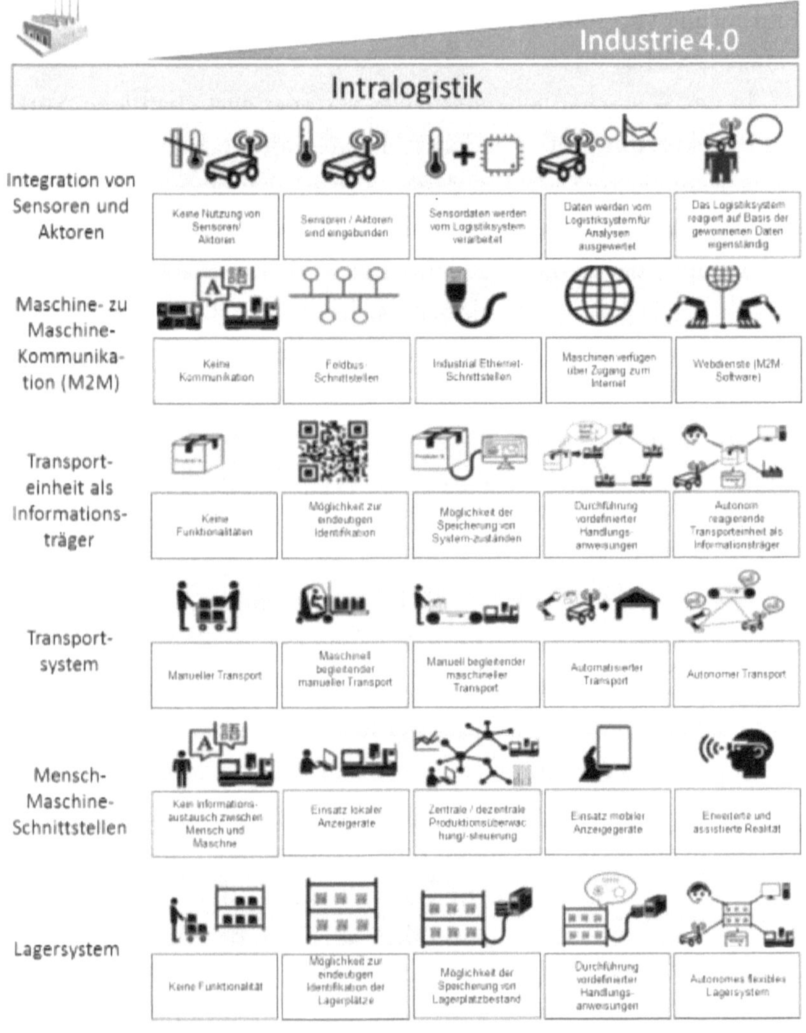


*Abbildung 43: Werkzeugkasten Industrie 4.0*[57]

## B Vorgehensmodell zur stufenweisen Einführung von Industrie 4.0

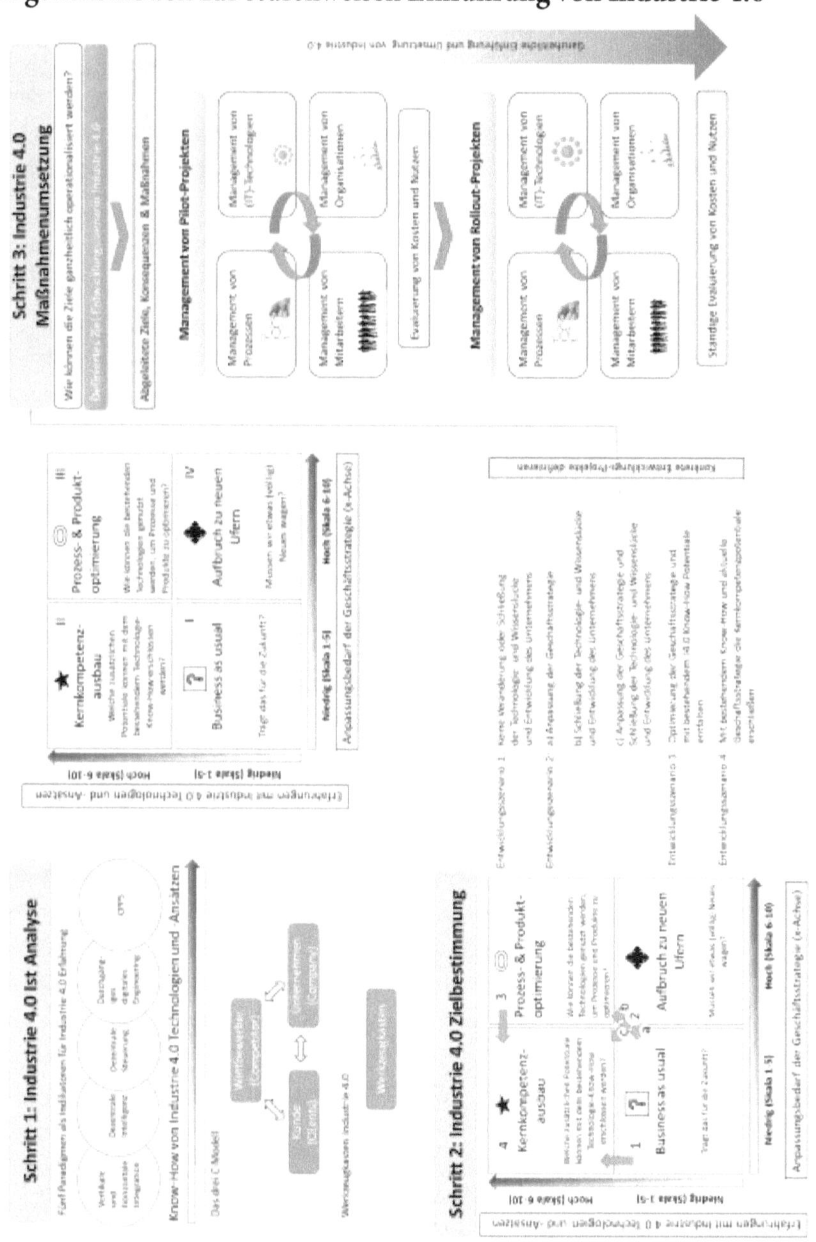

*Abbildung 44: Vorgehensmodell Einführung I4.0 in der Produktionslogistik* [58]

# Literatur

Bauernhansl, Thomas; Hompel, ten Michael und Vogel-Heuser, Birgit (2014): Industrie 4.0in Produktion, Automatisierung und Logistik, Springer Verlag, Wiesbaden

Bichler, Klaus; Riedel, Guido und Schöppach, Frank (2013): Kompakt Edition: Lagerwirtschaft, Grundlagen, Technologien und Verfahren, Springer Fachmedien, Wiesbaden

Biedermann, Hubert (Hrsg.) (2016): Industrial Engineering und Management – Beiträge des Techno-Ökonomie-Forums der TU Austria, Springer Verlag, Wiesbaden

Bloech, Jürgen et al. (2014): Einführung in die Produktion, 7. Auflage, Springer Verlag, Heidelberg

Bloom, Daniel (2014): Achieving HR excellence through SIX SIGMA, CRC Press, o.O.

BMBF (2015): Industrie 4.0, Innovationen für die Produktion von morgen, 2. Auflage, Bundesministerium für Bildung und Forschung, Bonn

Broy, Manfred (2010), Cyber-Physical Systems – Innovation durch Softwareintensive Eingebettete Systeme, Springer Verlag, München

Bullinger, Hans-Jörg und Hompel, ten Michael (2007): Internet der Dinge, Springer Verlag, Heidelberg

Deuse, J et al. (2014). Studie „Digital Manufacturing" –
Status Quo und Handlungsempfehlungen für die digitale
Produktentstehung, Produkt Daten Journal, o.O.

Finger, Martin (2008): Konzipierung eines
Identifikationssystems auf Bluetooth-Basis, Jörg Vogt
Verlag, Dresden

Franke, Werner und Dangelmaier, Wilhelm (Hrsg.) (2006):
RFID-Leitfaden für die Logistik. Anwendungsgebiete,
Einsatzmöglichkeiten, Integration, Praxisbeispiele. 1.
Auflage, Gabler Verlag, Wiesbaden

Göpfert, Ingrid et al. (2014): 222 Keywords Logistik, 2.
Auflage, Springer Verlag, Wiesbaden

Götze, U. (2014): Investitionsrechnung. Modelle und
Analysen zur Beurteilung von Investitionsvorhaben. 7.
Auflage, Springer-Verlag, Berlin/Heidelberg

Gudehus, Timm (2005): Logistik, Grundlagen, Strategien,
Anwendungen, 3. neu bearbeitete Auflage, Springer-Verlag,
Berlin/Heidelberg

Günthner, A. W. und Fruth, A. (2011a): Methode zur
Wirtschaftlichkeitsanalyse von RFID-Projekten.
Forschungsbericht herausgegeben von bayme und vbm,
München

Günthner, A. W. und Fruth, A. (2011b):
Vorgehensmethodik für RFID-Projekte.
Kompetenzzentrum Mittelstand GmbH, Garching

Hausladen, Iris (2016): IT-Gestützte Logistik, Systeme-Prozesse-Anwendungen, 3. Vollständig überarbeitete und erweiterte Auflage, Springer Gabler Verlag, Wiesbaden

Holland, C. und Light, B. (1999): A critical success factors model for ERP implementation. IEEE Software, 16(3), Seite 30-36.

Holma, Harry und Toskala, Antii (2011): LTE fot UMTS – Evolution to LTE-Advanced Second Edition, Wiley Verlag, United Kingdom

Hompel, ten Michael (Hrsg.) und Heidenblut, Volker (2011): Taschenlexikon Logistik, Abkürzungen, Definitionen und Erläuterung der wichtigsten Begriffe aus Materialfluss und Logistik, 3., bearbeitete und erweiterte Auflage, Springer-Verlag, Berlin/ Heidelberg

Horst, K. (2009): Investition, 2. aktualisierte Auflage, W. Kohlhammer GmbH, Stuttgart

Huang, S. Albert und Rudolph, Larry (2007): Bluetooth essentials for programmers, Cambridge University Press, New York

Kessel, Ralf(1995): Variantenvielfalt und Logistiksysteme: Ursachen, Auswirkungen, Lösungen, Gabler Verlag, Wiesbaden

Koukal, Claus-Ekkehard (2001): Informationsdarstellung und Wissensverarbeitung in der Arbeitsorganisation prozeßnaher Tätigkeiten in Webereien, Band 11, Expert Verlag, Renningen

Kreutzer, Ralf T. , K.-H. L. (2016). Digitaler Darwinismus: Der stille Angriff auf Ihr Geschäftsmodell und Ihre Marke. Das Think!Book. Springer-Verlag, o.O.

Manouchehri, Shakib und Leimeister, Jan Marco (2016): CLE04, Collaboration Engineering: Konzepte und Methoden zur systematischen Gestaltung der Zusammenarbeit I, Wilhelm Büchner Hochschule, Darmstadt

Martin, Heinrich (2014): Transport und Logistik Planung, Struktur, Steuerung und Kosten von Systemen der Intralogistik, 9. Auflage, Springer Vieweg Verlag, Hamburg

Melzer, A. (2015): Six Sigma – Kompakt und praxisnah. Prozessverbesserung effizient und erfolgreich implementieren. Springer Fachmedien, Wiesbaden

Merz, Sandra Lucia (2016): Industrie 4.0 – Vorgehensmodell für die Einführung, Erschienen in: Einführung und Umsetzung von Industrie 4.0, Grundlagen, Vorgehensmodell und Use Cases aus der Praxis, Armin Roth (Hrsg), S. 83- 110, Springer-Verlag, Berlin/ Heidelberg

Müller, S. (2015). Manufacturing Execution Systeme (MES): Status Quo und Ausblick in Richtung Industrie 4.0. BoD – Books on Demand, o.O.

Oppermann, Dennis (2011): Escher erklärt das Internet, Haufe-Lexware Verlag, Freiburg

Pott, Christoph (2015): IT-Architektur in der Intralogistik, S. 59, Erschienen in Logistik Praxis, Ausgabe 2015/1 Software in der Logistik, Huss Verlag, München

Reidel, U (2011): Wenger, Wolf; Geiger, Martin Joseg; Kleine, Andreas (Hrsg.): Business Excellence in Produktion und Logistik, Gabler Verlag, Wiesbaden

Roth, A. (2016): Einführung und Umsetzung von Industrie 4.0: Grundlagen, Vorgehensmodell und Use Cases aus der Praxis. Springer-Verlag, o.O.

Rosemann, M. (1999): Measuring the Performance of ERP Software - a Balanced Scorcard Approach. s.l., s.n., Seite 773-784.

Sauer, Simone (2002): Qualitätsmanagementsystem nach DIN EN ISO 9000:2000: Meilenstein in Richtung TQM, Diplomica GmbH, Hamburg

Schuh Günther und Schmidt Carsten (2014): Produktionsmanagement, 2. Auflage, Springer Vieweg Verlag, Aachen

Schulte, Gerd (2001): Material- und Logistikmanagement, De Gruyter Oldenbourg, München

Sendler, U. (2013). Industrie 4.0: Beherrschung der industriellen Komplexität mit SysLM. Springer Verlag, o.O.

Spath, Dieter (Hrsg.) et al. (2013): Studie Produktionsarbeit der Zukunft-Industrie 4.0 von Fraunhofer-Institut für Arbeitswirtschaft und Organisation IAO, Stuttgart

Stefanou, C. (2001): A framework for the exante evaluation of ERP software. European Journal of Information Systems, Issue 10, Seite 204-215

Stevens, Marion (2007): Handbuch Produktion: Theorie-Management – Logistik–Controlling, W.Kohlhammer Verlag, o.O.

Stich, V und Hering, N (2015): Daten und Software als entscheidender Wettbewerbs-faktor, in: Industrie 4.0 magazin- Zeitreise für integrierte Produktionsprozesse, S. 8 bis 14

TU Darmstadt(Hrsg.) (2015): Generisches Vorgehensmodell zur Einführung von Industrie 4.0 in mittelständischen Unternehmens der Serienfertigung, Abschlussbericht des Fachgebietes Datenverarbeitung in der Konstruktion des Projektes CypIFlex 24. November 2015, Technische Universität Darmstadt, Darmstadt

Ullrich, Günter (2014): Fahrerlose Transportsysteme, Eine Fibel – mit Praxisanwendungen – zur Technik – für die Planung, 2. Auflage, Springer Fachmedien, Wiesbaden

VDMA (Hrsg.) (2015): Leitfaden Industrie 4.0, Orientierungshilfe zur Einführung in den Mittelstand, VDMA Verlag GmbH, Frankfurt

Veigt, Marius; Lappe Dennis und Hribernik A.: Entwicklung eines Cyber-Physischen Logistiksystems, in: Industrie Management 2013, Ausgabe 29, S. 15 bis 18

Wannenwetsch, Helmut (2014): Integrierte Materialwirtschaft, Logistik und Beschaffung, 5. Auflage, Springer Vieweg Verlag, Heidelberg

Wittlif, Eugen (2010): Einführung der Betriebsdatenerfassung und der Maschinendatenerfassung bei der Firma Oculus Optikgeräte GmbH, Diplomica Verlag, Hamburg

Y. Series (2001): Global Information Infrastructure, Internet Protocol Aspects and Next-Generation Networks. ITU-T Recommendation Y, o.O.

# Internetquellen:

Bauernhansl, Thomas (2014). Industrie 4.0 -Whitepaper FuE-Themen-

URL:http://www.ipa.fraunhofer.de/fileadmin/ user_upload/Leitthemen/Industrie_4.0/ Whitepaper_Plattform_Industrie_4.0.pdf ,

Abrufdatum: 03.12.2016

BMBF (2016): Zukunftsprojekt Industrie 4.0

URL: https://www.bmbf.de/de/zukunftsprojekt-industrie-4-0-848.html , Abrufdatum am 03.12.2016

Cambridge Dictionary Online (2016)

URL: http://dictionary.cambridge.org/dictionary/english/ enterprise-resource-planing , Abrufdatum: 03.12.2016

Dilger, Prof.Dr. Werner (2005): Multiagentensysteme,

URL: https://www.tu-chemnitz.de/informatik/KI/scripts/ ws0405/MAS/MAS_00-skr1.pdf       ,        Abrufdatum: 03.12.2016

IML Fraunhofer (2016): Themenbroschuere INBIN,

URL: http://www.iml.fraunhofer.de/content/dam/iml/de/documents/OE%20130/Themenbroschuere_inBin_ansicht.pdf , Abrufdatum: 03.12.2016

Graven, Julia (2015) Entscheidungen treffen- Diese 6 Methoden machen Entscheidungen leichter, URL: https://www.impulse.de/management/entscheidungen-treffen-methoden/2055260.html , Abrufdatum: 03.12.2016

MUSTERCOMPANY (2016): MUSTERCOMPANY Internetpräsenz, URL: http://Mustercompany.com,

Abrufdatum: 03.12.2016

It-production (2016): Das Online-Magazin für erfolgreiche Produktion, URL: http://www.it-production.com/mue/index.php?seite=anbieter&id=32 ,

Abrufdatum 03.12.2016

Stark, Rainer et al (2015): Notwendige Voraussetzungen für die Realisierung von Industrie 4.0. ZWF. URL: http://www.zwf-online.de/ZW111289 , Abrufdatum: 03.12.2016

Schenk, Michael (2010): Intralogistik Heute – Ortung für die Prozessfreigabe; URL:

http://www.iff.fraunhofer.de/content/dam/iff/de/dokumente/publikationen/intralogistik-heute-ortung-fuerprozessfreigabe-fraunhofer-iff.pdf , Abrufdatum: 03.12.2016

Smartservices-ed (2016): Smart-services, Industrie 4.0 – So gelingt der schnelle Einstieg URL: http://smartservices-ed.de/prozessautomatisierung/?gclid=CKO-gdflzc8CFQMW0wodskgCWg , Abrufdatum: 03.12.2016

WiWo (2015): Größte Automobilzulieferer - Bosch ist und bleibt weltweit die Nummer eins, WirtschaftsWoche,

URL: http://www.wiwo.de/unternehmen/auto/groesste-autozulie ferer-bosch-ist-und-bleibt-weltweit-die-nummer-eins/12042648.html, Abrufdatum: 03.12.2016

Wirtschaftsrat, D. (2013). Industrie 4.0 Die Zukunft der deutschen Industrie gestalten. URL:https://www.wirtschaftsrat.de/wirtschaftsrat.nsf/id/AD3959CD76451FB7C1257808004B3ACF/$file/Positionspapier_Industrie%204.0.pdf , Abrufdatum: 03.12.2016

## Unveröffentlichte Quellen

L-Mobile. (2016). L-Mobile industrie 4.0 Präsentation von Hr. Behr
WLAN Angebot des Technologieanbieters

WLAN Angebot des Elektrounternehmens

Ein Konzept für die stufenweise Einführung von Industrie 4.0 wird mit einer phasenweisen Anwendung in der Produktionslogistik aufgezeigt. Dazu werden theoretische Vorgehensmodelle (Stark et al. (2015), Merz (2016), Anderl et al. (2015), VDMA (2015), Biedermann (2016), Bauernhansl (2014)) auf ihre Anwendbarkeit für die stufenweise Einführung im besagten Bereich bewertet. Mit diesen Erkenntnissen wird anschließend ein bevorzugtes Vorgehensmodell erarbeitet und ein Leitfaden für die stufenweise Einführung von Industrie 4.0 für die Produktionslogistik erstellt.

Das Ergebnis ist ein Leitfaden zur Bewertung der Industrie 4.0 Erfahrungen des Unternehmens, sowie eine strukturierte Vorgehensweise zur Definition potentieller Industrie 4.0 Projekte zur stufenweisen Einführung neuer Technologien in der Produktionslogistik zur Erreichung der Industrie 4.0 Stufe.

Diese Arbeit ist sowohl für Unternehmen, welche den Weg in Richtung Industrie 4.0 gehen wollen, als auch für Individuen mit Begeisterung für Industrie 4.0 interessant.

Bernhard Gaum
Dipl. Wirt.-Ing. (FH), MBA

Preisträger Master Award 2017

---

[1] Clustern: Etwas nach einem bestimmten Kriterium zusammenfassen (vgl. Duddenredaktion 2016)

[2] Eigene Darstellung in Anlehnung an Müller S. (2015), S.94

[3] Eigene Darstellung in Anlehnung an das Whitepaper zu Industrie 4.0 von Bauernhansl et al (2014), S.5

[4] Eigene Darstellung in Anlehnung an L-Mobile, 2016

[5] Aktion-Reaktionsmatrix: Auf Basis unterschiedlicher Ausgangsergebnisse aus der vorherigen Aufgabe werden Aufgabenmöglichkeiten aufgezeigt die eine Maschine als nächstes auszuführen hat.

[6] Eigene Darstellung in Anlehnung an L-Mobile, 2016

[7] Eigene Darstellung in Anlehnung an Bloech (2014) S.4

[8] Eigene Darstellung in Anlehnung an Martin (2014), S. 4-10

[9] Eigene Darstellung in Anlehnung an Schulte 2001 S.8ff und Martin 2014 S.4ff

[10] Eigene Darstellung in Anlehnung an Veigt et al. (2013), S.16

[11] Siehe hierzu die Internetseite: www.projekt-cypro.de (Aufgerufen am 03.12.2016)

[12] Für mehr Informationen zu Multiagentensysteme vgl. Dilger (2004), S.7

[13] Internet der Dinge wird in Kapitel 2.7.4 näher beschrieben

[14] Dashboard: Benutzerinterface, welches notwendige Informationen organisiert aufzeigt

[15] Eigene Darstellung in Anlehnung an Stark et al. (2015), S. 11

[16] Eigene Darstellung in Anlehnung an Merz, Sandra Lucia (2016), S.85-95

[17] Eigene Darstellung in Anlehnung an Merz, Sandra Lucia (2016), S.101-102

[18] Eigene Darstellung in Anlehnung an Merz, Sandra Lucia (2016), S.104-108

[19] Siehe hierzu Anhang A oder TU Darmstadt (Hrsg.) (2015), S.15

[20] Eigene Darstellung in Anlehnung an TU Darmstand (Hrsg.) (2015), S.5

[21] Eigene Darstellung in Anlehnung an VDMA (Hrsg.) (2015), S.10

[22] Eigene Darstellung in Anlehnung an Biedermann (Hrsg.) (2016), S.255

[23] Eigene Darstellung in Anlehnung an Bauernhansl et al. (2014), S.588

[24] Eigene Darstellung in Anlehnung an Stark et al. (2015), S.11

[25] Smartservices-ed (2016): http://smartservices-ed.de (Aufgerufen am 03.12.2016)

[26] Eigene Darstellung in Anlehnung an Wittlif (2010), S.17

[27] Eigene Erfahrung aus Projekten im Unternehmen MUSTERCOMPANY

[28] Aus beruflicher Erfahrung sind diese MES Systeme Industrie 4.0 tauglich. Ein Vergleich unterschiedlicher MES Systeme ist in folgender Quelle enthalten: http://www.it-production.com (Aufgerufen am 03.12.2016)

[29] Eigene Darstellung in Anlehnung an Hausladen (2014), S.120

[30] Eigene Darstellung

[31] Eigene Darstellung in Anlehnung an Hausladen (2016), S.56

[32] Eigene Darstellung in Anlehnung an Pott (2015) S. 59

[33] Fingerprinting ist eine Rasterortungsmethode. Mithilfe von abgesteckte Punkten in einem Areal werden Signalwerte der umliegenden WLAN-Netze gemessen und gespeichert. Die Signalstärke eines jeden Punktes ist an jedem Punkt unterschiedlich und somit einmalig, wie ein Fingerabdruck.

[34] Quelle: Jungheinrich (2016)

[35] Quelle: IML Fraunhofer (2016), Themenbroschüre

[36] Eigene Darstellung, Ergebnis aus unternehmensinternen Workshops

[37] Das Milkrun-Konzept ist ein Konzept der Beschaffungslogistik[1] und Distributionslogistik[2], um Material bedarfsgerecht innerbetrieblich und überbetrieblich bereitzustellen. Das Konzept beruht auf der Grundidee, dass nur das Material in der Menge wieder aufgefüllt wird, wie es verbraucht worden ist.

[38] Eigene Darstellung

[39] Eigene Darstellung aus den Ergebnissen der Projektstandsitzung bzw. Workshops

[40] Größere Darstellung des Modells befindet sich im Anhang

[41] Eigene Darstellung in Anlehnung an Merz (2016), Anderl et al. (2016) und Bauernhansl (2014)

[42] Empfehlung aus dem Informationsmaterial und Leitfaden von Willibald A. Günthner und Andreas Fruth (2011b)

[43] Aus dem Studienheft der WBH CLE04, Shakib Manouchehri und Jan Marco Leimeister 2016

---

1. https://de.wikipedia.org/wiki/Beschaffungslogistik

2. https://de.wikipedia.org/wiki/Distributionslogistik

[44] Siehe Kapitel 3.1

[45] Siehe Kapitel 3.2

[46] Weitere Informationen sind unter http://thinktank.net erhältlich.
(Aufgerufen am 23.11.2016)

[47] Eigene Darstellung aus Ergebnissen des Workshops im Unternehmen
MUSTERCOMPANY

[48] Für mehr Informationen siehe Bloom 2014, S.124ff

[49] Eigene Darstellung aus Ergebnissen des Workshops im Unternehmen
MUSTERCOMPANY

[50] Siehe hierzu Roth, A. 2016, S. 37-43

[51] Eigene Darstellung aus Workshop Ergebnissen

[52] Eigene Darstellung

[53] Aussage Finanzleitung MUSTERCOMPANY

[54] Eigene Darstellung in Anlehnung der vorliegenden Angebote

[55] Eigene Darstellung

[56] Eigene Darstellung

[57] Eigene Darstellung in Anlehnung an TU Darmstadt (Hrsg.) 2015,
S.15

[58] Eigene Darstellung in Anlehnung an Merz (2016), Anderl et al.
(2016) und Bauernhansl (2014)

# Don't miss out!

Visit the website below and you can sign up to receive emails whenever Bernhard Gaum publishes a new book. There's no charge and no obligation.

https://books2read.com/r/B-A-GSVW-KZIHC

**BOOKS 2 READ**

Connecting independent readers to independent writers.

# About the Author

linktr.ee/ben_gaum

Read more at https://www.unternehmensberatung-gaum.de.